JN024635

私のうつわ練習帖

J-style Utsuwa

田中敦子

春陽堂書店

工芸、手仕事まわりの取材を長く続けています。すると、使ってみたいな、と思ううつわや道具との出合いが次々やってきます。使うことでそのものの理解が深まり、書いて伝えるための厚みにもなっていきます。気がつけば、かなりの数のうつわや手仕事の道具が手もとに集まっていました。

この本のベースとなっている婦人画報デジタル連載『日々の器のよしなしごと』は、Covid-19の世界的流行がきっかけでした。それまで担当していた工芸関連の連載が、緊急事態宣言の中でギャラリーが休廊、作家展も延期になって身動き取れなくなったとき、担当編集の方から「田中さんがお持ちのうつわで、家時間の過ごし方を発信できませんか」との提案があり、そこから日々使っている食器や工芸品を見直し、スマートフォンで写真を撮り、文章を添える作業が始まりました。それが、この後に続く#stayhome1-4で、私自身、初めて体験する不自由な時間を、うつわを通して懸命に乗り越えようと知恵を絞っていたことが思い出されます。

リモートワークなど家で過ごす時間が増えたことで、衣食住を改めて見直すようになり、今、日々使いたいうつわへの関心がとても高まっています。ことに、工芸作家によるうつわが人気なのは、大量生産品にはないぬくもりや個性があるからでしょう。名もなき家庭料理や出来合い

のお惣菜を、そうしたうつわに盛り付けるとおいしく引き立ててくれることも、大きな魅力です。また、昔ながらの台所道具は職人による手仕事が多く、実際に使ってみればその機能性と使う充実感、そこから生まれる味のよさに目を見開き、取り入れる人が増えているようです。

暮らしの達人というわけではなく、食いしん坊ではあるものの料理の腕は人並み程度、手抜きもするし失敗もしょっちゅう。でも、衣食住を考えずして工芸の魅力を伝えることは難しく、試行錯誤しながら私なりの取り入れ方、使い方をしてきました。

二〇二〇年二月に引っ越しした古い木造一軒家は、父が営んでいたハンドバッグメーカーの元工場で、大雑把な間取り。制約の多いリフォームから生まれたのが、私にとってラボみたいなダイニングキッチンでした。引っ越しとパンデミックが重なり、片づける余裕ができたことは不幸中の幸いで、また、毎月テーマ立てして紹介してきた作業は、うつわや道具を意識的に見直す時間にもなり、新しいダイニングキッチンで実験と実践を繰り返してきた感じです。

タイトルにあるJ-style Utsuwaは、多様性に満ちた現代日本の暮らしにふさわしいうつわ揃えやうつわ使いを、和食器、洋食器などのカテゴリーにとらわれることなく考えよう、という思いから生まれました。いいうつわや道具があると暮らしが楽しく、そして豊かになることを、お伝えできたらいいな、と思っています。

田中敦子

左より、一輪差し・伊藤剛俊　動物スタンプ（ペンギン）・鈴木稔　ピッグスエード植物ブローチ・1KO（ichiko）　額・サノアイ　うさぎのオブジェ・二階堂明弘　マッチ箱オブジェ・川島いずみ　一輪挿し・打田翠　ガラス瓶に入った石のオブジェ・上田亜矢子

#stayhome 1

二人で楽しく朝食を

2020.4.26

ウイルスの姿、私たちの今後、目を凝らしても見えない日々です。家で過ごすのが唯一できること、と納得はしても、なかなか冷静ではいられない。ざわめく心を落ち着けたくて、ウェブ配信の映画リストから選んだ作品が『かもめ食堂』でした。フィンランドを舞台にゆったり進むストーリーに、いつしか入り込んで呼吸が整う感じ。料理がまた魅力的で、自分がつくっているような気分に。サポートするのはフードスタイリストの飯島奈美さん。彼女のセンスが、きちんとつくる家庭的なご飯の底力に気づかせてくれます。

そうだ、料理で気分転換しよう。映画に登場するのは和食でしたが、まずは家にあるものを探り、切ったり焼いたり煮たり。単純な作業に集

上：ある日の朝ごはん。皿・ジョン・リーチ工房　ガラスボウル・松岡ようじ　白磁マグカップ・設楽享良（したらたかよし）飴釉マグカップ、グラタン皿・八木橋昇　コップ・中野幹子　スプーン＆フォーク・日本製輸出用カトラリー（ヴィンテージ）陶製カッティングボード・吉田次朗　木製ナイフ・さかいあつし　バターケース・三谷龍二　麻のクロス・光原社

カトラリー類や調味料はすぐ出せて気分も上がるものに。染付カップ・磯谷慶子　青竹籠・桐山浩実　鳩の爪楊枝入れ（信州上田の農民美術）・栄屋工芸店　蓋物・安齊賢太 木のスプーン（長）・杉村徹 （短）・木漆工とけし

テーブルに映える！と一目惚れしたカッティングボード。似合うパンナイフを探して出合った切れ味抜群の名品。カッティングボード・佃眞吾　パンナイフ・上田裕之　クロス・イギリスのヴィンテージリネン

中するうち、脳内のザワザワが静まりました。できたのは、スープやラタトイユ、ピクルス、ジャム。おお、朝ごはんが楽しくなりそう。

　朝の食卓は、元気な気分になれるデザインのうつわをアクセントにしています。一日元気でガンバロウ、とにっこりできるうつわ。そういえば今年に入ってから、楽しい絵付けの食器を数点購入。ギャラリーの方々とも、「こういうときは、明るい気分になれるモノがいいですね」と会話をしていました。

　デザインはもちろん、素材のよさや、色や景色の好ましさ、造形の確かさなどが気に入って購入してきたふだん使いのうつわは、暮らしの仲間のような存在。気持ちが弱ったときには力をくれます。

#stayhome 2
ランチとおやつをしっかりと

2020.5.10

ゴールデンウイークが明ければ外出できるかな、と思っていたのに、緊急事態宣言が延長になってしまいました。目の前のニンジンが遠のいた気分で、ため息が出ます。

それでも、最初の頃に比べれば、家ごもり生活のペースができてきました。気温が上がってきたことも、幸いしています。心身が溶けてほぐれて、先々の風景を手かざしして見渡すような、前向きな感覚が出てきました。

片づけをしたり、掃除をしたり、日々サボりがちなことをこの機会にやってしまおう。それから、食事。うまく食材を繰り回すことに頭を使い、間食は減らし、でもおやつタイムはちゃんとキープ。水分やビタミンCをきちんと取ろう。短時間でいいから、ヨガを再開。スキンケアも忘れない！

書き出してみると、どれも当たり前で、習慣化すべきこと。でも、不慣れな状況を

上：前夜の残りものカレーと、酢の物の予定だったキュウリの薄切りをライタ（インドのヨーグルトサラダ）に。チャイも添えてインド気分。皿・上野剛児（つよし） 白磁筒鉢・吉田直嗣（なおつぐ） マグカップ・伊藤丈浩 漆カトラリー・伏見眞樹

京都の「都をどり」も中止に……。この団子皿は「都をどり」のお茶席に出され、お土産に持ち帰れるもの。京都の骨董市や古道具店で購入。肌色地は明治のもの。草団子は柴又の帝釈天参道にある髙木屋老舗製。クロモジ・さるや

たまにはゆっくり朝湯して、お風呂上がりには、柚子酢の炭酸割りでビタミンC補給を。ヘアとスキンケアも忘れずに。グラス・鈴木玄太 フラスコ型ボトル・井上美樹 木綿手織りタオル・十絲の会 ブラシ・ニールズヤード

言い訳にサボること少なからずで、ひたすら反省です。

うつわの見直しもしています。日々使うものはどうしても決まってしまうので、若い頃に集めていたものや、出番が減っていたものを、棚から出してチェック。引っ越しからまだ日が浅く、仮置きです、と言い訳しながら放置していた食器棚の中の配置を考え直す好機でもあり。購入したシチュエーションや場所が蘇ることも多くて、ふと手が止まり、モノとともにある記憶にしばし浸ってしまうこともあります。いけない、いけない。

それにしても、こんなふうに家ごもりできるのは、外で働く人たちがたくさんいらっしゃるからこそと、改めて思います。なんと恵まれていることか。今しばらく我慢して乗り越えよう、と自分に言い聞かせています。

#stayhome 3

身近な花を愛でる

2020.5.13

私たち人間の活動は制限されても、自然界は刻々と変化しています。桜の開花前後から、街路や庭の植物たちも冬の眠りから覚めて、淡い葉を伸ばし、色とりどりの花を咲かせます。

外出自粛の日々、運動不足の解消と免疫力を上げるため、陽を浴びることや軽い運動が奨励されていますが、本当はふだんだって必要ですよね。いいきっかけなので、私も朝ウォーキングを始めました。この季節は花を発見する楽しみがあります。歩道の割れ目にスミレやカタバミが咲いているのを見つけると、しゃがみこんで見入り、植物の生命力に感嘆します。

思い立って籠と花ばさみを用意。歩道や空き地、土手で、花ハンティングすることにしました。遠出しなくても、短時間でも、楽しみはご近所にあり！　飾る

上：スイバ、ハルジオン、イヌムギなど、調べるほどに雑草は面白い。添えになる草を一緒に選ぶと表情豊かに。コンクリート型に吹き込んだ質感と六角形が面白いガラスの花瓶は谷口嘉（よしみ）作。 白南蛮一輪挿し・野口悦士（えつじ） 竹籠・桐山浩実 てぬぐい・染絵てぬぐい ふじ屋

父の庭からチューリップを何本か。花入れは、飛び鉋（かんな）と呼ばれる技法で文様を刻んだパステルグリーンが印象的なジャグで田中信彦作。卓布・西川はるえ

吹きガラスを丹念に磨き上げて生まれるニュアンスある２色使いの一輪挿しは光井威善（たけよし）作。花はヒメキンセンカ。キンセンカの原種で、江戸時代には渡ってきていたとか。

ことを考え、花や葉っぱを真剣に観察。茎の曲がり具合なども気になります。どれも懸命に生きている植物なのに、人間とは身勝手、と思いつつ。それにしても、子どもの頃に比べ、雑草の種類が増えたようです。帰化した外来種でしょう。嗚呼、植物も、ウイルスも、人の移動によって広まっていくのです。

雑草は群生しているものが多いので、一輪挿し、もしくは混ぜこぜに挿すと新鮮な印象です。名前がわからないものは検索。花アプリもインストールしました。

花器やグラスを持ち出して草花を挿していると、あっという間に時間が過ぎます。うつわと花の意外な相性を発見した瞬間は、かなりうれしい。一方、うまく決まらないと、「やはり野におけレンゲソウ、かなあ」とため息をついたりもしています。

#stayhome 4
リモートを楽しむ

2020.5.17

大きな災害が起こるたび、私たちの生活や意識は激変します。今回のパンデミックも、例外なくライフシフトのきっかけになっています。

感染防止のため、美術館、映画館、劇場、コンサートホール、ライブハウス、寄席など、文化施設が次々臨時休業になり、館の運営、表現者や制作関係者の生活に大きな影を落としていることが、様々なメディアのニュースやSNSから伝えられました。どうなってしまうの、と不安に思っていたところ、無観客コンサートをネット配信する情報をピアニスト・金子三勇士（みゆじ）さんのSNSで知り、好奇心もあって鑑賞しました。これがなかなか楽しかった。コンサート後には寄付も少しだけ。いつかリアルで楽しむ日を思いながら、パソコンやタブレット、スマホで、文化と繋がることができると気づかされました。

上：時折足を運ぶミニシアターがオンライン映画鑑賞のクラウドファンディングを実施。経営維持の一助になればと登録、クラフトジンを飲みながらの鑑賞会。ガラスボトル・三浦世津子　グラス・オールドバカラ　染付皿・林大輔　シルバーピック・秋谷カヲル　我谷盆（わがたぼん）・佃眞吾

親友とのおしゃべりは大切な息抜き。オンラインでお茶しよ、とプレゼントしたお揃いカップを用意して。カップ・林真実子　パート・ド・ヴェール小皿・大室桃生　丸盆・井藤昌志＆鎌田奈穂 クッション・津田千枝子

体調管理のためにオンラインヨガ。お香やアロマを焚き、ゆったりと呼吸。ガラス香立て・荒川尚也 お香入れ・三谷龍二 インド木綿のタオル・ババグーリ

SNSは似たシコウ（思考、志向、嗜好）の人が集うため、琴線に触れる情報が流れてきます。以前から工芸系のクラウドファンディングを応援することがポツポツとあって、今回は範囲を広げて、ミニシアターや美術館、書店応援などにも。外に出ずともアクションできる。今世紀に始まった新しい支援の形が、大きなうねりになりつつあるようです。

オンライン会議もあっという間に広がりました。さらには、飲み会やお茶会も。そうそう、ヨガレッスンも。誰もが手軽に利用でき、表情や動きをリアルタイムで確認できるとは。まるで未来を生きている気分です。

もちろん、うつわや道具を使う楽しみも忘れません。あれこれ選びながら、リアルに触れる楽しさに勝るものなし、と思う日々です。

II 晴れの日、寛ぐ日

III キッチンまわり

IV 暮らしまわり

《コラム》

I

毎日使うからこそ

シンプルで味わい深い良品を選ぶ

働きながら暮らしていると、
忙しい日と余裕のある日で
暮らし分けている自分がいることに気づかされます。
「ていねいに」暮らすことは憧れだけれど、
「全方位ていねい」は、自分自身に負荷をかけてしまう。
家電製品のない、プラスチック製品のない暮らしはもはや想像ができません。
でも、「全方位自分らしく」ならば可能です。
便利なツールに助けてもらう部分と、
おいしい、楽しい、心地いいうつわや道具を使うこと、
ある意味、そんなダブルスタンダードを
その日の状態を見ながらバランスを取っている。
そして、このところは後者のウエイトが大きくなってきました。
人間なんて理不尽、不可解のカタマリですもの、
便利さに飼い慣らされると、その反動が出てくるようです。
同時に、いいうつわや道具は、
使うほどになじんできて、親しみが生まれ、
つきあいやすくなるから、うれしいことずくめです。

普通においしい
ご飯まわりのうつわ

食の多様化がすっかり進んで、白いご飯に味噌汁のある食卓が定番とは言えなくなっている昨今、日本ではお米の消費量が減っていますが、昔ながらの食器や道具を取り入れることで、ご飯のおいしさを見直すことができるかもしれません。

私の子ども時代は、戦後の高度成長期。新しい家電を暮らしに導入することが豊かさの象徴でした。ことに炊飯器は、ガスから電気への移行期で、電子ジャーも登場、土鍋や羽釜、木製の飯びつなどは、古めかしく不便なものとして過去に追いやられていた時代でもありました。

昔ながらの道具とはあまり縁のない私でしたが、三十代半ばに転機が訪れました。お茶事の懐石料理のお手伝いをする機会があり、羽釜や飯びつ、濾し器などから生まれる料理のおいしさに覚醒しました。また、その頃から京都に通う機会が増え、カウンター割烹という存在を知りました。カウンター越しに見る料理人の鮮やかな包丁さばきや調理器具の扱いに瞠目。こうした道具があってこそおいしいものが生まれるのか、と。

ほどなくして伝統的な道具をつくる職人さんや工芸作家の方への取材が増え、工芸催事、ギャラリーでの個展にも足しげく通うようになり、そうした場所で出合ったうつわや道具が、素材の持ち味やシンプルな和食の奥深さを教えてくれることを肌で感じ、ひ

左頁：20年愛用の伊賀焼窯元・長谷園「かまどさん」。火加減なしにおいしいご飯が炊ける名品。数年前、身（本体）が割れて買い替え。通販でパーツ売りしているのが素晴らしい。

左：純銅製玉子焼鍋はふっくら焼ける名品。油もなじんで、焦げつきなしに。浅草の銅銀銅器店製で、やはり20年選手。食パンがちょうど入るので、フレンチトーストにも重宝。
右：天然さわら材の飯びつは、江戸結桶の老舗・桶栄製。炊きたてのご飯を入れると、ほどよく水分を吸って一粒一粒ふっくらと保ち、冷えてもなおおいしい。20年以上使用。

とつ、またひとつ、と手に入れていきました。

今では炊飯用の土鍋や飯びつ、卵焼き器などを日常的に使っています。最初は失敗もありましたが、長くつきあうほどに使うコツがわかり、道具もなじんできました。後片づけも、特別な手入れは必要ありません。洗って拭いて干す、それだけ。つまり拭いたら放置しておけばいいんです。

ことさら高級米ではなくても、土鍋で炊いた炊きたてご飯はふっくらみずみずしく、飯びつのほんのり木の香りがする温かいご飯もまた美味。いつものおかずで十分幸せな気分に浸れます。

ご飯をおいしくいただくために、

左上：我が家の飯碗その1。上から時計回りに。染付飯碗・豊場惺也（とよばせいや） 染付飯碗・加藤清允（きよのぶ） 白磁飯碗・土屋由起子　**左下**：我が家の飯碗その2。上から時計回りに。白掛け飯碗・八田亨（はったとおる） 織部釉茶碗・菱田賢治 柞（いす）灰釉飯碗・福森道歩　**右**：飯碗・八田亨 汁椀・福田敏雄 箸置き・柏木円（まどか） 折敷・佐藤智洋

飯碗も重要な存在です。我が家の飯碗は、飯碗らしい形をした、手取りがよくて、控えめな佇まいのものが多い気がします。手に持って使う飯碗は、他のうつわより親密な存在で、使う人の好みがそれとなく出るものなのでしょう。結婚した当初は夫婦（めおと）茶碗を使っていました。大ぶりの男茶碗、小ぶりの女茶碗。手の大きさや食べる量の違いから生まれたジェンダーアイテムですが、いろいろな飯碗を使ってもいいんじゃない？　と、今では割烹料理屋などで好きな盃を選ばせてくれる「寄せ盃」みたいな感覚で、その日の気分に合わせて使っています。

《コラム》

昔ながらの弁当箱はおいしい

おにぎりにインスタント味噌汁。漆器を使えば味わいがアップ。汁椀・猪狩史幸（いがりまさゆき）漆カップ・小林慎二 カディ（インドの手紡ぎ手織り木綿）クロス・グランピエ

柳行李（やなぎごうり）の弁当箱は兵庫県豊岡市の名産で、地元で購入。檜材のわっぱ弁当箱は新潟県寺泊にある足立茂久商店製。

昔ながらのお弁当箱。自然素材ならではの風情があるだけではありません。保冷剤などない時代、ご飯には梅干しを添え、なるべく汁気のないおかずを入れていました。その上で軽くて殺菌、防腐効果のある素材を選ぶ。昔の人の賢さに脱帽です。

私の場合、家で仕事をする日のお昼用として使うことも。あり合

コーティングしていない素木（しらき）製は吸湿性があり、きちんと扱えばシミはできず、匂いも残らない。わっぱの弁当箱は檜材や杉材のものが多い。てぬぐい・柚木沙弥郎デザイン

わせを詰めたり、おにぎりを入れたり。さっと食べることができるので重宝していますし、ちょっと気分転換に近くの公園で食べてもいいし。切羽詰まったときにはデスクで食べることも。

　曲輪（まげわ）、わっぱなどと呼ばれる技法の弁当箱は、柾目（まさめ）の板を薄く削り、熱を加えて曲げ、桜皮で綴じます。木の飯びつと同様に、ほどよく水分を吸って、ご飯粒はふっくら。ご飯主役のシンプル弁当、温めなんて必要ないおいしさです。

　コリヤナギと呼ばれるヤナギ科の植物を使って編んだ、軽くて丈夫な弁当箱は、田や山に作業に行く際、腰に結びつけて持って行ったそう。通気性がよく、暑い時期でも傷みにくい特長があります。網目が詰まっているので、蓋にお茶や水を汲んで飲んだそうです。

日常の贅沢を

汁椀とスープ碗で

おいしい味噌汁やスープをいただくと、旨味と温もりがすうっと体に沁みて、幸福感に包まれます。料理研究家・辰巳芳子著『あなたのために いのちを支えるスープ』（文化出版局）や、土井善晴著『一汁一菜でよいという提案』（グラフィック社）が、汁物の滋養の豊かさ、許容力の高さを教えてくれて、なおいっそう汁物愛が深まったのですが、じゃあ汁物のためにどんなうつわを選んでいるのだろう、と改めて考えてみたら、共通項が見つかりました。それは、手に取って使って、うれしい気分になれるもの。

和食のうつわは手に持つことを前提につくられているものが多くあります。熱々のお汁を入れる椀が漆器なのは、手にしたときに熱くなくて、しかも冷めにくいことが大きな理由です。手に収まりのいいフォルム、触り心地、口をつけたときにふわりと香る漆器特有のほのかな匂い（次第に薄まりますが）も、おいしさ倍増の構成要素。天然木の木地を漆塗りしたお椀を日々使っていると、そうでないお椀（プラスチック製や、木の粉と樹脂を混ぜた木乾に漆やウレタンを塗ったものなど）に出くわした際、違いの大きさに愕然とします。驚くほどに口当たりが悪いんです。だから、声を大にして言いたい。本漆のお椀は、ちょっと値の張るものではあるけれど、値段に比例した価値は保証付き。日々の暮らしをこそ豊かにしたい今、漆のお椀は真価を発揮します。

大きめのお椀は、猪狩史幸作。小さめのお椀は、輪島塗の千筋椀で福田敏雄作。

左：この千筋椀は、内外に細く筋が刻まれている硬く引き締まった質感で、少々雑に扱ってもビクともしない安心感が。欅材丸盆・新宮州三　右：大きめは豚汁やけんちん汁など具沢山の汁に。柞灰釉茶碗・福森道歩　箸置き・柏木円 折敷・佐藤智洋

若いとき、和モダンを標榜するうつわシリーズのお椀をうかうかと買ってしまった私は、使うほどに育つはずが、どんどん醜くなる様に涙しました。以来、産地や作家がちゃんとわかる本漆のお椀を使うようになり、今は大小二つのお椀を使い分けています。具沢山の汁には大ぶりを、シンプルな具で濃いめの味噌汁なら小ぶりを、といった感じです。この二種類があると、鍋物のとりわけや、麺類のつけ汁用にも重宝します。ふだん使いの漆器は、食洗機こそ使えないけれども、ごく普通に洗って拭いて、おしまい。使うことこそ手入れです。

漆の椀を和洋中こだわらず使ってもいいのですが、汁物好きとしてはスープ用の陶磁器も気になってなりません。とはいっても、おごそかにスプーンでいただくスープ皿ではなくて、片手または両手の持ち手付きスープカップ。和食器とは対照的に手に持って使ううつわが少ない洋食器の中では、例外的な存在で、スープもズズッと飲み干したい私にとって、近年このタイプの食器をつくる日本の作家さんが増えたことは大歓迎です。今販売されている洋食器だとどうしても磁器製が多くなるのですが、日本の作家ものの場合は味わい深い陶器も多いので、見た目だけでなく手にしたときの感触まで楽しめます。もちろん、スープ専用にする必要はありません。持ち手付きゆえの形の面白さを生かし、食卓のアクセントとして様々に使いこなしたいもの。カフェっぽい雰囲気づくりも得意です。

上左：浅鉢形にリングを付けたような持ち手。外側は手びねりの手跡が残るマットな白化粧土仕上げ。穏やかな口錆がアクセントに。スープ碗・石原祥充（よしみつ）漆レンゲ・太田修嗣　麻のクロス・光原社　**下左**：素焼きレンガのような色合いで、ヨーグルトやプリンなどデザートにも。焼締（やきしめ）カップ・林拓児　皿・スティグ・リンドベリ（ヴィンテージ）スプーン＆フォーク・日本製輸出用カトラリー（ヴィンテージ）栗材トレイ・おかや木芸　**下右**：二十数年前、和テイストを感じて購入した英国のアンティーク陶器で、スージー・クーパー「ウエディングリング」スープカップ。伏見眞樹作の漆スプーンと相性抜群。スープは栗のポタージュ。

生活サイズと呼びたい

七寸皿

日頃はあまり意識しないものの、私たちの日々の暮らしには日本独自の単位が現役で存在していて、確固たる地位を占めています。お米は一合、お酒は一升。グラムやリットルでの表示もありますが、大さじ一杯やカップ一杯と同じ感覚で、料理まわりの基準になっていると気づきます。細かい目盛りの計量も必要ですが、ざっくりとしたサイズ把握って、物事の整理や使い勝手を理解するのに役立ちますよね。食器にもこのざっくりサイズがあって、選ぶときの目安になっています。

作家もののうつわは自由なサイズでつくられているようでいて、基本は和食器の寸法で、しかも尺貫法が生きています。寸や尺で測る日本の単位。一寸は約三センチ。大皿のことを尺皿と呼ぶのは、一尺サイズを指しているから、一寸の十倍、つまり約三十センチのお皿です。

手仕事による陶磁器は、工業製品のように精密にサイズを揃えることは難しく、多少の誤差は想定内。とはいえ寸刻みのサイズに当てはめながら制作しているので、近しいサイズでグループ分けが可能です。特にお皿は、寸刻みのサイズに合わせてつくられているものが多いので、違う作家のお皿でも、ほぼ同サイズで揃うため、一枚ずつ集める楽しみもあります。

右頁：４種の七寸皿。**上左**：油揚げのような肌合いの皿・上野剛児　**上右**：灰色にほのかなピンクが感じられる林檎灰釉皿・長谷川奈津　**下左**：カプチーノ釉の柔らかな茶の濃淡が印象的な皿・一柳（ひとつやなぎ）京子　木のスプーン・さかいあつし　**下右**：錆器（しょうき）と名づけられた錆茶色の皿・二階堂明弘

左：シンプルなオイル系パスタを引き立てる色がうれしい。漆フォーク・伏見眞樹　**右**：吹き墨の技法で施された釉薬の柔らかな色合いが料理を引き立てる。我が家のロングセラー、蛸サラダも、垢抜け料理に。欅材丸盆・新宮州三

ここで取り上げる七寸皿は、中皿とも呼ばれる大きさで直径約二十一センチ。この七寸皿に私はずいぶんと助けられています。負担にならない大きさ、と言えばよいでしょうか。食器棚に収まりやすく、一皿料理を盛り付ける、何品かおかずを出すときに並べる、ちょっとスイーツを盛り付ける、など何かと重宝です。ワンサイズ大きい八寸皿は、料理映えすることからカフェやレストランで好まれ、こちらもおすすめではあるのですが、日々のご飯は、冷蔵庫にある食材とにらめっこしながらの名もなき料理がほとんど。スーパーやデパ地下のお惣菜、冷凍やレトルト食品にも頼ります。お昼ごはんはなおのこと、昨夜の残り物でささっと済ませたり。いずれも、慌ただしく料理して、ざっと盛り付けをするという

左：林檎灰釉の淡いピンクを楽しめる、マシュマロとドライフルーツ＆ナッツの盛り合わせ。ルーマニア刺繍クロス・グランピエ　**右**：カプレーゼを盛っても引き立つお皿。

左：油揚げや厚揚げをただ焼いたおかずがなんと似合うこと。片口・水垣千悦（ちえつ） ミニピッチャー・津田清和 欅材丸盆・新宮州三　右：味わいある皿の色と質感で、スーパーで買ったコロッケもご馳走に。箸置き・ハラダマホ　江戸指物箸・渡辺久瑠美　胡桃材トレイ・杉村徹

現実があります。

だからこそお皿にも、素早く取り出せて、ささっと料理をよそってテーブルに出す、というスピード感が求められます。もちろん後片づけのしやすさも重要なポイント。この一連の動きの中で扱いやすいサイズが、七寸皿なのです。

ちょっと地味めな大きさであることは否めず、でも出番は確実に多いのです。そこで、選ぶ際にはお皿そのものの力を借りられるか、という視点を発動。お皿そのものがおいしそうな色や質感か、料理の背景として優れているか、を常日頃の食卓を思い浮かべながら、じっと見つめてしまいます。そうして選んで日々使っている四枚のお皿は、超カンタン料理や出来合いのお惣菜をなかなかに引き立ててくれます。

左：板皿に近い形なので面を目一杯使える。ご飯とおかずを一緒に盛り付けたワンプレート料理にも。箸置き・上泉秀人 江戸唐木箸・土倉昭夫　カディクロス・グランピエ　右：贅沢な具のサンドイッチを載せて。マグカップ・伊藤丈浩　リトアニアリネンクロス・リーノ・エ・リーナ　カディクロス・グランピエ

自由自在な

そば猪口

逆台形の切り立った直線的な形。もともとは磁器製で、白地に藍で描かれた素朴な染付の文様は、さらりと手慣れた筆致で、江戸から明治にかけて、有田焼を中心にザクザク大量につくられていました。

そば猪口の誕生は、江戸時代になってのこととか。江戸中期に大流行したそばは、つけ汁で食べるスタイルから始まったため、必要とされたのがそば猪口だったのです。

イノシシの口に似た形ゆえ、猪口。そもそもは上流階級の家で主に向付（むこうづけ）として使われていたもので、そば文化の広がりによって庶民にも浸透したといいます。シンプルな形は使い勝手がよく、そば、お酒、惣菜など、江戸の昔から重宝されていたうつわ

です。
　今では様々な工芸素材でつくられるようになったそば猪口ですが、いずれも形が好ましく、一器多用に優れ、スタックしやすいこともあって、数持っていても邪魔になりません（を口実にしている節もあります）。
　そばやそうめんはもちろんのこと、お茶にお酒にスープに。アイスクリームやヨーグルト、豆寒天を入れることも。芋けんぴを立てて入れて、ぽりぽりつまむこともあるし、花を生けるときに切り落とした脇枝を飾るのにもちょうどいい。小ぶりのお手拭きをくるくる丸めて入れて、お客さまに出しても感じがいいし、小さな植木鉢に見立てて、サボテンやエアプランツ用に。クリップなど小さい文具を入れてデスクまわりに置いてもいい。そして、そして……。
　なんと優秀なうつわ、とことさらに思ったこともなく、ごく当たり前にあれこれ使

上：本家本元のそば猪口を、骨董市や古道具屋さんで探しては買い求めていた時期が。染付の気取らぬモチーフが好ましく、手の届く価格で、気楽に使える。

左：自由な発想から生まれるそば猪口でアイスティーを。マス目に生き物を描いたモノトーンのそば猪口はスナ・フジタ作（フジタチサト時代の）。奥は、瀬戸茶碗によく見られる麦藁手のモダン版・林真実子作。 白樺材コースター・リトアニア製　右：小ぶりのそば猪口に、ディップを。ミニそば猪口・村田森　オーバル皿・瀬川辰馬

い回してきました。きっと、私たちの身体感覚と至極相性のいいサイズなのでしょう。で、ちょっと調べたところ、山口泰子著『暮らしと器』（六耀社）に、片手で無理なく持てるサイズの限界はビール瓶、とありました。直径八センチ。昔のそば猪口は高台が四～六センチ、口が七センチ前後の直径で、高さも七センチ前後が基準ですから、つまり、片手で扱いやすいサイズということなのです。そばはせっかちな江戸っ子のファストフードゆえ、さっと猪口を手に取り、濃いつゆにそばをちょいとつけ、ズッとたぐる、そのスピードが求めた形でもあるのでしょう。おお、究極の業務用食器ではありませんか。

本来の役割を果たしつつ自由に使えるそば猪口は、フリーカップと呼んでしまってもいいのですが、せっかく江戸の庶民文化が磨き上げた食器なのです。これからも、その名前とともにせっせと愛用していくのが吉、と思うのでした。

上左：我が家のそばランチはこれが定番セット。そば猪口・伏見眞樹　ざる・桐山浩実　箸置き・大迫友紀　我谷盆・佃眞吾　**上右**：古伊万里のそば猪口は、茶碗蒸しにも。中華セイロ・大川良夫　**下左**：流動感ある泡は渓流を思わせ、涼やか。そば猪口・荒川尚也　南蛮ドラ鉢・中里隆　豆皿・日下華子 箸置き・設楽享良　江戸指物箸・渡辺久瑠美　我谷盆・佃眞吾　**下右**：道端のイヌホオズキを。雑草が似合うのも庶民のうつわならでは。隅切り角膳・新宮州三

小粒なうつわ

豆皿、豆鉢の存在感

おままごとめいたサイズと可愛らしさ、場所を取らない気安さから、ついつい手が伸びて購入してしまう豆皿、豆鉢。小さめなものは、ひとまず豆をつけて呼んでもいいのかな、と思っていたら、サイズの目安がありました。直径九センチ以下のものを豆認定しているとのこと。そこで、このサイズに沿って、小さいうつわを食器棚から出してみました。

小さいお皿類を、「おてしょ」「おてし」などと、まろやかに呼ぶのは関西方面の方に限られるのでしょうか。そもそもの呼び名である「手塩皿」が転訛したものだと知って、はて手塩皿とは、と調べてみれば、もともとは食膳の不浄を払うために小皿に塩を盛ったことから生まれた名前。それが次第に小さな皿を意味するようになり、女性言葉として「お手塩」という呼び方が生まれたそうな。

また、使い方も、醤油や塩、お漬物を入れるようになり、江戸時代には肥前有田（現在の有田焼ですね）で量産されました。小さい面積を埋める染付の文様は、ひとつひとつ違って愛らしく、眺めて楽しく、コレクションアイテムとしても人気です。

日本の食卓は、長らく銘々膳だったため、限られたスペースに載せられる小ぶりの食器が多く、また料理は、素材そのものの味をなるべく生かし、醤油や塩、味噌で味を整

古伊万里の豆皿には、好きな形や絵柄を探す楽しさがある。

豆皿は食器棚の引き出しに。パズルのように収納すると、モザイクにも似た景色に。

お造りの手塩皿兼箸置きとして。春に使いたいワラビの里めいたモチーフ。
青白磁小皿・村田匠也（たくや） 江戸指物箸・渡辺久瑠美

える食文化だったことも、添えの小皿を発達させたのでしょう。その延長で、和洋中に限らず、調味料やスパイスを豆皿に入れて使う方も多いのではないでしょうか。

だからこそ、気の利いたデザインのものをアクセサリー感覚で使いこなすと、テーブルセッティングの楽しみがぐっと高まります。

また、ちょこっと甘いものが欲しいときや、ご飯の供や酒の肴を載せるときにも、豆皿はとても便利で、目に楽しいもの。盛るものの形や色を考えつつ、食器オン食器など、合わせ使いなどを工夫して、あれこれ遊んでいます。

豆豆サイズと呼びたい小さなタイプもおすすめです。これは思いのほか出番が多いのです。カトラリーレ

上左：タラの芽を天ぷらに、豆皿で塩を添えて。杉角皿・川合優（まさる）　**上中**：磁土を削り出して生まれる緩やかなくぼみが美しく、エッジの鉄釉の濃淡がアクセント。ご飯の供を入れて。豆角皿・内藤美弥子 長角皿・杉村徹　**上右**：愛しき豆豆サイズ。シルバープレートの豆角皿・鎌田奈穂　六角鉄絵豆皿・升たか　**下左**：吉田直嗣作の豆ドラ鉢は、マスタードやディップなどを添えるときに重宝。丸板皿・大嶺實清（じっせい）　**下中**：銅に銀を施した鎌田菜穂作の豆角皿をスプーン置きに。銀スプーン・長谷川まみ　**下右**：あまりにチャーミングで、サイズ違いで買ってしまった粉引に蓮花絵付けの豆皿は大谷桃子作。少しずつ残っていたお菓子を寄せて。オーバル皿・瀬川辰馬

ストにしたり、黒糖、和三盆、金平糖など、少量で満足できる砂糖菓子をお茶に添えて。胡椒や唐辛子など香辛料を少しだけ加えたほうが美味しいワンプレート料理や麺、丼ものにも。

ところで以前、気に入っていた古伊万里の豆皿が見つからず、探しに探してようやく見つけた場所が、三角コーナーの中、という事件が。小ささゆえに紛れて、行方不明になることも。どうぞご用心を。

味を変え、気分を上げる

ミニピッチャー

食器揃えの主要メンバーではないけれど、テーブルコーディネートにひとつ投入するだけで洗練度が高まる、そんなうつわがあると、目にも楽しく、気持ちが華やぎます。それは食欲増進にも繋がります。

たとえば、夏バテしたときなど。対策としては、食べたいものをつくる、季節のものを食べる、なのですが、手の込んだ料理はしんどいし、コンロ前に長居したくもなし。そんな事態を助けてくれるのが、シンプル料理&味足し。そして、目に楽しいうつわ使い。後から味を足す、かける、という役割を担うミニピッチャーは、フォルムに個性があり、お皿との組み合わせによって、テーブルの生彩がぐんと上がります。

世の中には市販のソースやドレッシングがごまんとあります。そのボトルもデザイナーが力を注いで生まれた形やラベルですから、もちろん食卓に上げたっていいのですが、モノによっては目につく色使いで主張するし、一定量入ったボトルは、占有面積（体積かな）が大きくて、せっかく素敵なテーブルに整えたのに、主役を持っていかれてしまう感があります。

以前よりそれが気になって仕方なく、好みのミニピッチャーを見つけると（あ、あの食器に合わせるといいんじゃない？）など妄想しては購入してきました。

左頁：さっぱりとグリーンサラダ。オリーブオイルに塩胡椒、これにハモンセラーノを添えれば、これに白ワインがあれば、と、そんな気分。造形的なガラス作品を得意とする作家のシンプルにして刺激的な形。ミニピッチャー・高橋禎彦 サラダボウル・杉村徹 サラダサーバー・甲斐のぶお工房 小皿・ヴェトナムの染付（アンティーク） S&Pミル・プジョー製 クロス・イギリスのヴィンテージリネン

左：野菜をただグリルしてオリーブオイルやバルサミコ酢を。赤バルサミコ酢を入れたミニピッチャー・津田清和 白バルサミコ酢を入れたミニピッチャー・金子朋恵 隅入り小皿・蒼雲窯 六寸皿・ジョン・リーチ工房 右：海老ワンタンは粗みじんにした海老に塩とお酒、パクチーのみじん切り、これに卵白を入れて和え、皮で包むだけ。タレは酢醤油にネギを刻んだものを。オーバル形ガラスピッチャー・三浦世津子 刷毛目浅鉢・山田隆太郎 漆小鉢・木漆工とけし

もともと和食器に多くある片口が好きで、洋食器由来のジャグも大好き。暮らしの中にあって、注ぐという実用性から生まれたデザインに宿る「用の美」が、無性に好ましく思えるのです。突き出た注ぎ口がくちばしを連想させるし、つくり手の企みが思いがけない造形を生み出すことにもワクワクします。使わずともコレクションしたいくらいです。実用派なので、コレクションはしないのですが……。

一点で場をつくるような存在感ではありません。でも、ひとつ添えるとぐんと食卓の空気が高揚する名脇役。ある程度メインのうつわが揃ったら、次は小物を探していく、その楽しさといったら。神は細部に宿る、といいます。これは、インテリアや装いの醍醐味にも通じていますね。

上左：簡単だけれど目が喜ぶフレンチトースト。ミニピッチャー・鈴木玄太 皿・スティグ・リンドベリ（アスター・ヴィンテージ）フォーク・日本製輸出用カトラリー（ヴィンテージ）**上右**：奄美大島旅以来のお気に入りが鶏飯（けいはん）。具をつくる際の鶏肉の茹で汁や椎茸の戻し汁を、出汁にする賢い料理。錆器片口・二階堂明弘　粉引ボウル・花岡隆（ゆたか）銀杏材丸盆・高田晴之　**下左**：レトルトカレーをピッチャーに。マットな化粧土のピッチャー・野田里美　オーバル皿・鈴木稔　グラス・鈴木玄太　木のスプーン・さかいあつし　カディクロス・グランピエ　**下右**：家飲みセット。黒釉の片口と粉引の上に描かれた黒い蓮のモチーフが好相性。ミニ片口を小鉢として。片口・吉田直嗣　台皿・大谷桃子　漆スプーン・木漆工とけし　グラス・バカラ（マッセナ）

姿愛しき

片口のうつわ

うつわを熱心に見始めた頃に、是非とも欲しいと思っていたのが片口でした。チュンと口を尖らせたような注ぎ口は、酒などを口の小さい瓶に移すために用いられた、というのが私の得た最初の知識でしたが、さらに探れば、液体を注ぐ必要ははるか昔からあったわけで、縄文時代の土器にも片口スタイルが多く見られるというのはちょっとした驚きでした。

そもそも用途ありきで生まれた注ぎ口は、もちろん水切れを考慮した設計であるのが基本ですが、その機能性を備えた上での茶目っ気や存在感に心惹かれてきました。シンプルな鉢も多く持っていますが、丸や四角が多い和食器の中で、何気なく変化をもたらすのが片口の真骨頂。和食器のバリエーションの中では変化球で、用途もちゃんと備えているものゆえ、うつわ作家の多くが片口をつくっていることも喜びです。

陶磁器は、古色を感じるものからモダンなものまで、様々揃っています。また、ガラスや金属、漆器にも片口は多く、使い手にとってばかりではなく、つくり手にとっても取り組みがいのある形なのではないかと思うのでした。

高さがあり、手取りのいい形のものは主に酒器として。口が広いため、燗酒(かんざけ)ではなく冷や酒を飲むときに使っています。お酒はうつわの匂いに敏感なので、お酒専用にして

上：記憶が確かならば、最初に購入した片口が唐津の中里太亀作南蛮焼締。たわみのあるまろやかなフォルムと野性味ある焼き味が見どころで、お酒を入れるとぐっと引き立つ印象。焼締酒杯・岸野寛（かん） 鉄線文八角小皿・日下華子　欅材丸盆・新宮州三　**下**：片口いろいろ。こうして並べてみると、李朝写しや土味あるものを好んで選んできたような。用の美を備えた造形の面白みは見飽きないもの。

います。大ぶりや浅めの形は、もともと鉢としてつくられているものゆえ、テーブルのアクセントとして。素材そのものを生かしたり、煮炊きしただけ、和えただけ、の料理を受け止めてくれる度量にほれぼれします。

　形の面白さを取り入れた花入れや、茶道の水指もあります。また、お茶事でとり回す預け鉢として使われることも。一汁三菜のうつわとは趣を異にする質感や形を愛でる大ぶりの鉢として、片口は好適なのですね。

　白洲正子さんのうつわ選びをまとめた『器つれづれ』（世界文化社）の第二章には、遺愛の酒器が並んでいますが、徳利や猪口の後に片口が登場。きっとこれは酒器として、恐らくこれは酒肴用、と、形によっては鉢に他ならないものもあり、まさに片口のうつわの幅広さを示しています。

　片口のみならず、ミニピッチャーやジャグなど、私の「注ぐうつわ」好きは、どう考えても形に惹かれているから。投げ入れの花が似合うのも、手をかけない惣菜が似合うのも、注ぎ口という突起に愛嬌があればこそ。料理も花も無手勝流の私にとって、この上なく心強い存在だと改めて思います。

　さて、食器棚から陶磁器の片口をいくつか取り出してみました。よく見ると形に二系統あることがわかります。全体に縁が回っているものは唐津系、注ぎ口に縁がないものは瀬戸系と分類されるそうです。

上左：丼サイズ、ほのかなたわみ、大胆な刷毛目に、迫力とモダンさを感じる花岡隆作刷毛目片口。蒸し里芋をどんと盛り付け。小皿・山田洋次　角盆・三谷龍二　**上右**：丸浅鉢に注ぎ口を付けた光藤佐（みつふじたすく）作片口皿は、黒高麗を思わせる黒褐色。お造りを盛ったら映えると思いつつ日々のおかずを。我谷盆・佃眞吾　**下左**：小さめの片口は、タレや醤油を入れるのに重宝。白磁片口・水垣千悦　ガラス小鉢・三浦世津子　隅切り角膳・新宮州三　**下右**：おばんざい風の料理が若い頃から好きで、その好みが片口のうつわを選ばせるような。灰釉片口・山田隆太郎　三島片口・水垣千悦　銀杏材丸盆・高田晴之

優美なフォルム

蓮弁の皿と鉢

その昔、お寺の幼稚園に三年間通っていたので、四月になると花まつりを思い出します。特別信仰心があったわけではないのですが、子どもにはあまりおいしいと思えぬ甘茶を、お釈迦さまに柄杓でかけるのが無性に楽しかったからか、蓮花の上にすっくと立ち、右手をあげて天を示すお釈迦さまのお姿は、深く記憶に刻まれています。それゆえ、蓮の花びらを思わせる造形に心惹かれるのかもしれません。そんなわけで、蓮弁のうつわ。

丸、四角、オーバルが、日々使う食器の基本形です。一般家庭の食卓では、変形の食器はあまり出番がなく、ユニークなフォルムは、割烹料理や懐石で向付として使われる印象があります。動物や魚介、季節の風物をかたどった色絵や染付のうつわは、桃山時代に茶人が中国に発注して生まれたうつわだとか。その後、秀吉の朝鮮出兵の際に半島から連れられてきた陶工により日本の作陶技術が飛躍的に上がって、面白い形の国産陶磁器が生まれたのでした。

そんな出自から考えても、個性的な形のうつわは一般家庭向きではないことがわかるのですが、私がつい選んでしまう蓮弁を彷彿とさせるうつわは、丸やオーバルの延長にある形ゆえかバリエーション豊かで、優美な形がテーブルを華やがせるという効果もあるため、時折選んでいます。向付として使うことができるものもありますが、家庭では

上から時計回りに。灰色の中に薄紅色が現れる御本手の伊賀焼蓮弁鉢・土楽窯　白磁豆皿・柏木円　白磁匙形手塩・設楽享良　更紗文レンゲ小付・中尾万作　黒釉掻き落とし蓮弁鉢・菅野一美

小鉢として使えばいいよね、と割り切って選んでいます。

蓮弁は、仏教との繋がりが深く、骨董の世界では仏像の付属物であるような木彫の蓮弁一枚を愛でる美意識があります。手のひらを思わせる柔らかな曲線には無理やりなデザイン性がないのも、うつわとして写しやすいのでしょう。

旬の野菜に目がないのですが、ことに春は、香りのよい葉物や山菜、タケノコなどが出回り、八百屋さんや野菜売り場では軽く興奮状態になります。季節の食材でつくるお惣菜は、蓮弁形のうつわに中高（なかだか）に盛ると割烹料理みたいな特別感が生まれます。「お、芹だ」「これは菜の花か」など、ふだんはあまり反応のない我が家の男性陣（父と夫）が楽しげに箸を動かします。誰もが春いっときの食材を愛しているのだなあと、衝動的に買ってきた葉物野菜が着々と胃袋に収まる様子に、胸をなでおろすのでした。

中華料理につきもののレンゲも、元は散った蓮の花びらを意味する「散り蓮華」からで、蓮の花びらから生まれた形。そんなレンゲ形の小鉢は、小さなお菓子を入れたり、酒肴を載せて出すことで、盛り付けや添え物などに工夫をしなくても、見映えがします。豆皿を集めるような感覚で、蓮弁形の小皿を集めるのもおすすめです。

上左：青磁色した空豆を入れて。最近、シワのできない茹で方を習得。ネット情報、ありがたい。グラス・大迫友紀　折敷・佐藤智洋　**上右**：シンプルな白のうつわは時折４枚揃えて購入。ご飯の供をあれこれ載せたり、薬味を添えるのに重宝。杉角皿･川合優　**中右**：小付は珍味などを入れるのに向いている小ぶりの鉢で、くちばしのようなレンゲ形にイチゴのフォルムがリンク。グラス・ラリック（アルボア・アンティーク）欅材丸盆・新宮州三
下左：使い勝手のいいサイズは一口菓子を入れたり、ディップを入れたり。漆角皿・中野知昭　**下中**：春らしいお菜を盛り付け。使うほどに味わいが深まる。欅材丸盆・新宮州三
下右：蓮弁豆皿を、まさに手塩皿として。醤油差し・津軽びいどろ

TREES
CHOCOLATE

右頁上：土鍋は調理器具としても活用。シェルフは無印良品。　右頁下：夕飯の基本は和食。副菜好きゆえ小鉢が活躍。　左頁上：ランチにシンガポールチキンライス。オーバル皿・寺村光輔　カトラリー・竹俣勇壱（ゆういち）　左頁下：パン焼きに使っているのは、辻和金網の焼き網。鍋は柳宗理デザイン、ヤカンは工房アイザワ製。

清涼感を味方につけて

染付のうつわ

青梅雨、荒梅雨、梅雨寒、梅雨晴間、黒南風（くろはえ）、白南風など、梅雨の季語は枚挙にいとまがないほど。文字面は美しいけれど、肌にまとわりつく蒸し暑さかと思えば、長袖が必要なほど冷え込んだりと、気候に振り回されて体調も不安定になりがちです。せめてテーブルまわりは爽やかに晴れやかに、とそんな気持ちに寄り添ってくれるのが染付のうつわです。

　染付は中国で生まれた陶磁器の装飾技法で、白い素地に呉須（ごす）と呼ばれる顔料を使って絵付けをし、その上に透明な釉薬をかけて還元焼成（酸素を入れない焼き方）することで青く発色します。白地にブルーの爽やかさは世界各地で愛され、写されて、それ

ぞれの風土に合わせた姿に発展しました。日本では十七世紀の伊万里焼が始まり。江戸時代、大いに愛された染付のうつわは、藍染め木綿とともに、江戸文化を象徴する、ブルー&ホワイトです。

我が家の食器棚には、人生の各時期（大げさ）に購入した様々な染付のうつわがあるのですが、ここでは、梅雨どきを元気に過ごそう、をテーマに考えてみました。一年中使っているのに、いつもの料理なのに、気候との相性なのでしょうか。梅雨の時期に染付の食器を使うと、風通しのいい清涼感があって、食卓が爽やかに。もともと染付は料理映えするうつわですが、ことに夏野菜の色が染付のブルー&ホワイトにより、鮮やかに見えます。

私が若かった頃、古伊万里ブームというのがありました。素敵なマダムたちが古伊万里の食器を使ってテーブルコーディネー

右頁：古伊万里を探していた頃に東京・西荻窪のアンティークショップで出合った花丸文の鉢。和風になりすぎないモチーフと、青白い白地と呉須の青は、夏野菜やフルーツ、ひんやりデザートなどに。　**左頁**：どんぶり杏仁豆腐の感覚で、古伊万里の鉢に。グラス・三浦世津子　アルミのサーバー・さかのゆき

磁器では珍しい、生地を手びねりしている白磁に素朴なタッチの呉須絵が愛おしい皿は、林大輔作。庭師でもある作家の、植物愛溢れるモチーフ。イチジクのマリネを添えて。ガラスのミニピッチャー・鈴木玄太

トを披露する、そんな実例が女性誌を彩りました。ただ、当時の使い方は、主に古伊万里の食器でまとめるのが人気で、今の感覚からすると、ちょっとくどい印象でした。古伊万里を存分に買える財力などない私の負け惜しみでもありましたが、色絵のものはいうに及ばず、染付のうつわであっても、ポイント使いをして焼締などの土ものやガラスの透明感と組み合わせるほうが力みすぎないふだん着感覚で好ましいと思っていました。

今では当たり前の感覚なのですが、ある時代まで、洋食器のディナーセットのように、トータルコーディネートが豊かさを示すものでした。

過去をふと思い返してみるにつけ、それぞれの感覚で衣食住を編集するようになった近年のライフスタイルは、私が目指してきた未来の姿。問題が山積みの時代ではありますが、いい方向に変化している部分だってあることに気づかされるのでした。

上左、上右：中尾万作作の染付ジャンボカップは、イタリアンレストランのシェフからの依頼で誕生したそう。丸ごとトマトの冷製スープは、トマトの赤や大葉の緑と染付が好相性。漆カトラリー･伏見眞樹　**下左、下右**：古伊万里のうつわにはない薄づくりで、モチーフもあっさりとモダン、直線的なフォルムも印象的。犀ノ音窯北野敏一作。長年の愛用品。梅雨冷えの日、和風ポトフを。豆角皿・内藤美弥子　向付・福森道歩　漆丸盆・山本隆博

和にも洋にも

ガラス小鉢

夏らしいうつわといえばガラス。今では季節を問わずに取り入れたい素材です。中でも使い勝手のいい日常使いのガラスは、無色透明。ガラス種を竿に巻きつけ、息を吹き込んで膨らませる宙吹き（ブロウ）技法によるものは、空気を孕（はら）んで生まれる大らかな曲線と柔らかな透明感。陶磁器でいえば白磁のような、飽きのこない持ち味です。

私がガラスのうつわを選び始めた頃は、日常使いできる作家のガラス器に出合う機会はまだまだ少なく、デパートや雑貨店に並ぶ工業製品的なものか伝統工芸品、外国製のブランドガラス、アンティークの大正ガラスなどで、そんな中、民藝的な手吹きガラスに興味を抱きましたが、味わい深いけれども少し重く感じていました。

その後、アンティークのラリックに興味が生まれました。ラリックのアール・デコデザインは日本の伊勢型紙から影響を受けているモチーフが少なからずあり、私にとって日本文化への興味へと導いてくれた大切な存在です。とはいえ、日常食器として使えるものは少なく、そんな時期に出合ったのが荒川尚也さんのガラス。するりと立ち上がる気泡や、どこか和を感じる揺らぎや形は、家庭でも力まず使いこなせそうに思えました。

奈良時代、大陸より渡来していたガラスは、その後、南蛮、紅毛貿易の時代にも目新しいものとして珍重されました。国内製造が始まったのは江戸後期で、でもそれは一部

上から時計回りに。ルネ・ラリックのアンティーク、荒川尚也作、田井将博（まさひろ）作、
三浦世津子作、日本製のヴィンテージ。

沖縄のモズクやジーマミー豆腐を入れるのにちょうどいいサイズ。やちむんと合わせれば、琉球風晩酌セットに。湯呑み・読谷山焼北窯松田米司（よねし）漆スプーン・木漆工とけし　丸盆・井藤昌志＆鎌田奈穂

の人にしか行き渡らない高価なもの。一般化したのは大正時代で、ハイカラな食器として宙吹きガラスやプレスガラスが量産されるようになります。以来、ガラスは洋食器的な役割を担うようになりました。それゆえ、一般家庭でガラスのうつわを使う機会は、洋食やデザートなどが主で、私もそう思い込んでいましたが、今の暮らしを体感しているガラス作家が登場してきたことで、ガラス器の守備範囲が広くなり、ガラスの季節感や用途に対しての固定観念から解放されたのでした。

もとよりガラスには涼感を演出する力があります。水や氷を彷彿とさせる素材だからでしょう。ガラスをメイン使いするのも素敵ですが、アクセントにすることで抜け感を生み出せます。また、焼締などの土ものや漆器と合わせると、水を打った露地のような効果が生まれ、夏ならではの食卓になります。

上左：半分に切ったキウイやパッションフルーツがちょうど収まるサイズ。ガラス板皿・津田清和　銀スプーン・上田銀器工芸　**上中**：冷やしうどんの汁鉢に。漆丸皿・佐藤智洋　角小鉢・伊藤丈浩　板皿・杉村徹　**上右**：ヨーグルト、冷奴、煮浸し、果物、冷菓などなど、何かと出番が多い小鉢。スプーン・日本製輸出用カトラリー（ヴィンテージ）　**中左**：鋳型にガラスを吹き込んだ、モールドと呼ばれる技法で制作されたガラス鉢。琥珀色の縁取りがモダン。　**中中**：夏の甘味もよく似合う。漆スプーン・伏見眞樹　我谷盆・佃眞吾　**中右**：樹木をモチーフにしたメダリオン入りのガラス鉢。漆スプーン・伏見眞樹 銀杏材丸盆・高田晴之　**下左**：茹でポテトと塩ケイパーのポテトサラダ。パンとスープを添えて。白磁カップ・高橋奈己 胡桃材トレイ・杉村徹　**下中**：スモーキーな吹きガラスの鉢の底にある菊の切子がアクセントの梅シロップゼリー。小壺・読谷山焼北窯與那原正守　**下右**：ロングセラー氷菓サクレをカップから移し、フレッシュレモンを添えて。銀スプーン・長谷川まみ　胡桃材トレイ・杉村徹

使うほどに存在感

ふだんの漆器

我が家のキッチンにあるオープンシェルフの中段から上は、漆器や籠類を置いています。重い土鍋は最下段、陶磁器も下段にあります。地震対策を考えてのことですが、もうひとつの理由は、年中漆器を使うため、手に取りやすい高さが便利だからです。棚に収まっている漆器の多くはごくベーシックな形の無地。長く使っているものもあり、最近買い足したものもあります。それぞれに味わいがあり、見飽きません。

ただ、漆器というと、新年など晴れの膳に並ぶお椀や重箱のイメージがまだまだ強く、また、漆器は米の研ぎ汁で洗うもの、という情報が独り歩きしてしまい、手のかかる器、という烙印を押されてしまった時代がありました。米の研ぎ汁や薄めた酢、糠汁などで洗うのは、新品に残る漆器独特の匂いを取り除くためで、毎度の扱いに求められるものではありません。

塗料としての漆は九千年以上の歴史があります。漆の木から採取される樹液でつくられる塗料は、接着性、防水性が高く、建築、調度、うつわに使われてきました。手のかかる技術で貴重品でもあり、長らく高級品として貴族や武家、寺院で使われてきて、庶民の暮らしに漆器が広まったのは江戸時代も後期になってからのこと。贅沢品、晴れのうつわとして始まった漆器を、もっと身近にしようと工夫して道を誤り、リーズナブル

上：使っていく楽しさが味わえるうつわが、ふだん使いの漆器。使い込んだ漆器は柔らかい艶が生まれる。　下：左上、左下の小鉢は仁城義勝作、右上は臼杵春芳（うすきはるよし）作、右下は木漆工とけし作。いずれ三名とも木地づくりから手がけているつくり手。

な漆器もどきを量産した昭和の時代、本来は使うほどに艶と透明感を増すはずの漆器が、消耗品となってしまい、漆の信頼を失墜させたことはとても残念。若き日の私もまた、そんな漆器を入手してしまい、泣きを見たクチです。多少買いやすくても、これでは漆器離れをますます加速させてしまうと、悔しく思ったものでした。

今、使っている漆器は、つくり手がわかる漆器です。産地に根づき、伝統の仕事を受け継ぎながら、木地から仕上げまで、責任をもって制作した漆器は、静かで控えめですが、次第に漆の質感が増して、手当たりよく、艶が上がり、透明感が生まれます。使うほどに育ち、修理もできるから、長く使い続けることができます。

以前はあまり意識していませんでしたが、このところ漆器の底力に気づかされています。軽く、割れにくく、熱伝導率が低い漆器は、年齢を重ねるほど使い手に寄り添ってくれるのです。手に持ったとき、唇に触れたとき、漆の質感が人肌に近いということを実感します。手頃な価格のものはベースとなる木地に合成樹脂を使っていますが、天然木の木地のほうが手に軽く、そして使うほどに味わいが増します。ふだん使いの漆器は、一万円から二万円くらいまで。決して安くはありませんが、長く使えること、毎日おいしくいただけることを考えれば、これはＱＯＬ（クオリティ・オブ・ライフ）への投資です。私が漆器を日常的に使い続けて得た、揺るぎない確信です。

そして。漆器の形は、作家ものであっても、ひとつの形が生まれれば、定番的に制作されていくものがほとんど。つまり、買い足しができるから、ゆっくり揃えていけます。焦らずゆっくり。それが漆器とつきあう極意です。

上左：雑炊鉢は、麺類にもうれしいサイズ。白磁匙形手塩・設楽享良　豆角皿・鎌田奈穂　箸置き・日下華子 折敷・佐藤智洋　**上右**：面取り小鉢は、納豆鉢としても秀逸。茶碗・福森道歩　漆スプーン・伏見眞樹　**中右**：佐藤智洋作浅鉢は果物を盛り付けるのにも重宝。柿の色とうるみ色の組み合わせは目にもおいしそう。ボウル・杉村徹　クロモジ・さるや　**下左**：千筋を施した皿は、ちらし寿司を盛り付けるのにいいサイズ。ほどよい深さで手に取りやすく、しかも軽い。すし桶・中川清司　**下中**：白湯、ミルク、お茶、焼酎など、あれこれ使って便利なため、もうひとつ購入した漆カップ。二つになるとまた用途が広がるもの。鉄瓶・釜定 銀杏材丸盆・高田晴之　**下右**：昔の家庭に必ずあった、お菓子鉢を彷彿とさせる小鉢。湯呑み・竹下鹿丸 急須・加藤財（たから） 草木染布マット・染司よしおか

食卓に自然の景色を運ぶ

木のうつわ

季節感が薄れている昨今であっても、旬の食材を目にすれば、心楽しくなりますし、食器選びも変化して、秋になれば少しほっこり温かなものに手が伸びます。たとえば木のうつわ。一年中使っているのに、秋になるとスポットライトが当たったように心惹かれる存在になるのは、自然の一部である私たちの本能なのかもしれません。

夏の間、青々と茂った緑の葉が、気温の変化とともに色づき始めると、これまで姿を潜めていた木の肌や枝ぶりが日に入ってきます。都会で暮らしていても、街路樹や植栽、光の色から自然の移ろいを敏感に感じ取り、ふと気づけば、暮らしや装いが秋色になっています。

森林に恵まれた日本は、木と親しくつきあってきた歴史があります。建物、家具、うつわ、道具と、木材は大いに活用されてきました。何年も何十年も、いえ何百年も使い継がれて味わいをます木の建物やうつわ、道具の美しさは、木の国ならではの宝物。

けれど、近代化の中でその長所よりも短所に目が向けられてしまい、無垢材や素木(しらき)は暮らしから遠のきました。表面的な木の味わいだけを切り取った、がっちりとウレタン塗装された木の家具やうつわ、木目のプリントを使った壁や床を見ると、とても残念な気持ちになります。

手入れのことを考えると、易きに流されても仕方ないのかもしれませんが、使いながら変化していく木の楽しさは格別です。だからせめてうつわで木の持つ魅力を楽しんでは、と思うのです。

木のうつわは魅力溢れる存在です。木の

右頁：富井貴志作栗材リム皿。「カトラリーによる傷や料理のシミを気にすることなく使ってほしい。それもまた木のうつわの味わいになるから」という言葉がうれしい。カトラリー・竹俣勇壱　**左頁**：佃眞吾作Mokkiはジャムや蜂蜜をテーブルに置くとき、ケースの感覚で使用。染付カップ・磯谷慶子 バターケース・三谷龍二

色や木目の楽しさ、使っていくうちに色が変化し、柔らかな艶も出てきて、傷やシミだって味わいです。土ものと相性がよいので組み合わせて使ってもいいですし。うつわになってもなお呼吸していて、自然を身近に置いている感覚も味わえます。

ここでは鑿（のみ）と呼ばれる木を削る道具の彫り跡が残る、ナチュラルな木のうつわを。ランダムでリズミカルな彫り目は、食材の持ち味や、食欲をそそる焼き色ととても相性がいいのです。長年使っているものもあるし、最近仲間入りしたものもありますが、いずれもこれから先の変化が楽しみです。

取り立てて難しい手入れ方法はありません。洗って拭けばおしまい。油汚れなどは食器用中性洗剤を使っても。オイル仕上げのものは、時折オリーブオイルなど好みの油を染み込ませた布やキッチンペーパーで拭くと、汚れにくくなり、木の色が深まります。少しだけ手をかけることで、身近にあることが愛おしくなります。

幼い頃、木の積み木やおままごとセットで遊んだ記憶があります。積み木同士がコッンと当たる音、手に持ったお椀の優しい触感。私が木のうつわをとても好ましく思うのは、そんな経験があったからかな、とふと思い出します。

上左：木を削って彫って黒漆を拭き漆した杉村徹作角皿。長年の使用で木地や彫り跡が際立ち、盛り付けに工夫がいらない。グラス・鈴木玄太　**下左**：熊本県牛深のうるめいわしを焼き網で軽く炙り、スダチを添えて盛り付けたら、静物画のよう。 **上右**：ハロウィンのしつらいを、杉村徹作大ぶりのウォールナット材ボウルで。石のオブジェ・上田亜矢子　ジャグ・田中信彦　**下右**：大きな新高梨ひとつ分がちょうど入る大きさ。濃い茶色に梨の黄味がかった白が映えると発見。小皿・山田洋次　クロモジ・さるや

食器を選ぶまなざしで

土鍋を選ぶ

朝夕に冷えを感じたら、鍋物の季節到来。（やった！）とガッツポーズです。献立に悩む日や調理時間が取れない多忙時は、鍋物ほどありがたいものはないのですから。とにかく時短料理で、体が温まる、野菜をたくさん取れる、バリエーション豊富、ご馳走感が演出できるから人を呼べる（まだ難しいけれど）、シメの雑炊やうどんまで余さずいただける、洗い物が少ない、と数え上げたらキリがないくらいのいいことずくめ。こんな優れもの、いったい誰が考えついたのでしょう。

鍋料理は、皆で楽しめるイメージそのままに、庶民文化が花開いた江戸時代に生まれました。たやすく運べる七輪が普及して、その上に小鍋仕立ての料理をつつく、というのが定番で、池波正太郎の『鬼平犯科帳』に登場する五鉄の軍鶏鍋を想像してしまいます。ただ、大人数でひとつの鍋を囲むという文化の始まりは江戸も終わりの頃とか。大皿を囲んで皆でいただく長崎の卓袱料理の影響などがあったそうです。

鍋物に使われる鍋は、土鍋、鉄鍋、アルミ鍋、銅鍋、ステンレス鍋、電気鍋など多種あるけれど、なんとなく鍋物＝土鍋のイメージ、ありませんか。実は、戦後になって三重県の萬古焼のメーカーが丈夫で手頃な土鍋を開発し、それが家庭に広がったといいます。ごく幼い頃、若い両親が土鍋で湯豆腐や鱈ちりをしていた記憶がかすかにあります。

上左：アフリカンなデザインの、伊賀焼・稲葉直人作ブイヤベース鍋。なぜブイヤベースかと伺ったところ、「浅めで具が沈まない形なんです」とのこと。 **上右**：伊賀焼・大道正男作。ミニマムデザインが気に入って20年ほど前に購入。３〜４人用サイズなので人が集まるときにも。 **下左**：二階堂明弘作の土鍋は、まるで鉄製のような薄づくり。身はすき焼き鍋の形、蓋はタジン鍋の形をイメージしたデザイン。 **下右**：伊賀焼・土楽窯の黒小鍋は調理してそのままテーブルに出せるのでとても重宝。ひとり鍋だけでなく、卵とじ料理や焼いたり蒸したりするおかずにも。

遠い昭和の風景です。

　いい土鍋が欲しいと思うようになったのは三十代初めの頃で、伊賀焼の鍋を知ったことからでした。耐火性の高い地元の粘土を使ったロクロによる造形が美しく、テーブルで主役となる存在感があって、こんな土鍋を使ってみたい、と都内で買えるお店を探して購入しました。くつくつと柔らかな煮えの音を立てる土鍋は、具材をふっくらおいしくするし、テーブル映えもよし、で理想的でした。

　そんな我が家の初代土鍋は、私の不注意でぱかっと二つに割れてしまいましたが、以来、土鍋は食器を探すのと同じ目線で選んでいます。つまり、食卓映えして、手持ちのうつわとも相性がよいかどうか、考えながら。

　もし収納に余裕があるならば使い勝手や料理により、大中小とあればとても便利。何しろ煮るだけでなく、炊く、焼く、蒸す、ができて、和洋中の料理に応用できる優秀調理器だから、実は寒い季節に限定することなく使いこなせるのです。まあ、夏場は卓上コンロを使わないほうがよいとは思いますが（暑くて汗だくになります、経験済み）。

　土鍋を購入したらまずおかゆを炊いて、目止めをするひと手間が必要です（必要ないものもあります）。でもそれさえすれば、幸せな鍋天国の扉が開くのです。使わない手はなし、と断言させてください。

上左：アクアパッツァをコンロで調理して、そのまま食卓に。微発泡ワインとともに。ワイングラス・バカラ（モナコ）　**上右**：みずみずしい根三ツ葉を見つけた日、さっぱり鶏鍋に。取り鉢・土楽窯　グラス・三浦世津子　角皿・三谷龍二　コースター・丹波布　**右中**：黒小鍋は調理してそのままテーブルに出せるのでとても重宝。グラス・三浦世津子　皿・工房十鶴（じっかく）取り箸・市原平兵衛商店　コースター・丹波布　**下左**：土鍋でおでん。具が総見えする感じで華やか。取り皿・高田晴之　白釉輪花豆鉢・内田鋼一　取り箸・佐川岳彦　スプーンレスト・林京子　**下中**：鍋敷きは敷瓦やタイル、月桃を編んだ円座、稲わらや棕櫚（しゅろ）細工。特筆すべきは木工作家・加藤育子作の鍋敷き（右下）。ナギの木製で、熱々の鍋を置くと木の香りがほんのり。　**下右**：卓上おたまやレンゲ、取り箸も鍋物には必須。左から。陶器製柑橘搾り・陶工房ななかまど　菜箸・青竹工房桐山（左）、佐川岳彦（右）　筒鉢・読谷山焼北窯與那原正守　小鉢・公長齋小菅　ウォールナット木柄卓上おたまセット・遠藤商事　手打ちアルミの卓上おたまセット・有次　素木柄卓上おたまセット・木屋

時代が求める
耐熱皿

耐熱皿を初めて使ったのは、小学校の家庭科でマカロニグラタンをつくったときかもしれません。カレーやシチュー、フライはあったけれど、オーブンを使って料理をするなんて一般家庭にはまだあまり普及してなくて、憧れの料理でした。そのすぐ後に、ガスコンロの上に置いて使う天火（てんぴ）がやってきて、嬉々としてクッキーやケーキを焼くようになりました。

学生時代、ロサンゼルスでホームステイした際には、オーブン料理が多くて目を丸くしました。切って混ぜて大きな耐熱器に移して、温度と時間をセットしたら、あとは待つだけ。ボリューム満点の熱々料理を取り分けていただくおいしさといったら。冷凍食品のバリエーションにも目を見張りましたが、忘れられないのは、ポテトチップス一袋をバリバリ砕いてマカロニや玉ねぎと混ぜ、大量のマヨネーズで和えて焼く、というオーブン料理。卒倒レベルのハイカロリーで、禁断の味でした。

このところ、耐熱皿の種類が増えたように感じています。信楽や伊賀など土鍋を得意とする、耐火度の高い土を産出してきた土地はもとよりですが、土を取り寄せて制作する作家のうつわにも、耐熱性の高いものが増えています。また、民藝テイストを感じる、日本の食卓に似合う外国陶器にも出合います。

上から時計回りに。ポーランドのストーンウエア・ツェラミカ　アルティスティチナ　飴釉グラタン皿・土楽窯　長方形耐熱皿・4TH-MARKET 手付き小鉢・ジョン・リーチ工房 渋青土耐熱グラタン皿・八木橋昇

なぜだろうと考えました。大きな理由は、食生活の変化。様々な国の料理を家庭で手軽につくれるようになり、作家自身の食生活からして昔とは異なりますし、ギャラリーや使い手からのリクエストもあって、耐熱皿を意識するようになったのではないでしょうか。先ほど触れたグラタンもそうですが、オーブン料理は欧米文化からの輸入調理で、それが浸透し、ガラス系の耐熱皿が家庭に行き渡ったその先に、もっと味わいのあるものへと関心が広がったのでしょう。

もうひとつは、女性の社会進出です。子育てしながら働く人が増え、家族の食事をさっとおいしく熱々で用意するために、電子レンジはデフォルトで、オーブンを使った料理も簡単で見映えするものが多いことから、耐熱皿が歓迎されているのでしょう。冷凍食品やミールキットの充実に目を見張るものがあるのも、それだけ需要があるからですよね。

巣ごもり生活により、耐熱皿の需要がさらに高まったのではないかと思います。私自身も、このところオーブン料理をよくつくるようになりました。ほぼ家ごはんの日々、新しいメニューに挑戦したり、冷凍食品を利用する、そんな頻度が高まったからです。また、コンロに付属しているグリルもオーブンがわりによく使うのですが、ここでも耐熱皿が重宝します。調理してそのままテーブルに出すうつわだから、気に入ったものが欲しいし、他のうつわとの相性も大切です。耐熱皿ではあっても、感じのいい味わいならば、火にかけない料理にも使えます。好きな食器に耐熱機能が備わっている、そんな感覚のものを少しずつ揃えています。

上左：色使いが楽しいポーランドの陶器はラザニアや野菜焼き、肉料理に。角盆・三谷龍二 真鍮サーバー・銀猫 手ぬぐい・柚木沙弥郎デザイン　**上右**：丸ごと玉ねぎスープをグラタン皿に。フォーク・日本製輸出用カトラリー（ヴィンテージ） カディクロス・グランピエ　**右中**：五寸サイズの円形、受け皿付き。牡蠣とネギのグラタンは、冬ならではの取り合わせ。リトアニアリネンクロス・リーノ・エ・リーナ。 **下左**：バーニャカウダ用には手付き小鉢。大皿・鈴木稔 取り皿・くらわんか皿 クロス・イギリスのヴィンテージリネン　**下中**：直径約16㎝は小ぶりのチーズケーキにいいサイズ。小皿・伊藤剛俊 木のナイフ・さかいあつし リネンクロス・佐藤千香子　**下右**：萬古焼の産地・四日市市（三重県）の4窯元が立ち上げた4TH-MARKETの耐熱皿でチョコレートケーキ。片口・三浦世津子 木のフォーク・三谷龍二 隅入り小皿・蒼雲窯 ルーマニア刺繍クロス・グランピエ

旅の記憶と重なる
基本の白

料理映えする、扱いやすい、洗うのも楽（電子レンジ、食洗機ＯＫ）、な白磁は、うつわの基本中の基本。まず揃えるべきファースト食器としてもおすすめですし、気取らないふだん着的な立ち位置で、でも使い方次第では晴れの雰囲気にもなる、白いシャツみたいな存在です。

白磁は六世紀頃、中国で生まれたと言われています。シルクロードから伝わってきたガラス器や銀器に触発されて生まれた白いうつわは、やがて朝鮮や日本にも技法が渡り、李朝白磁や伊万里焼が誕生します。

中国の白磁は、完成度が高く近寄りがたい美しさですが、李朝白磁や古伊万里の白は完璧を求めつつも拙さが残り、そこに侘びた美を見出したいにしえの日本人の感性は、今の私たちの中にも息づいているような。

江戸の言葉で、「ざっかけない」という表現があります。粗野とかざっくばらん、という意味なのですが、そんな感覚の白磁のうつわに心惹かれます。白磁のうつわが業務用食器にも大いに使われているのは、堅牢で扱いやすく、料理を選り好みしない自由度ゆえで、白磁の食器が使われているシーンは旅の思い出とともに蘇ります。街角のカフェやビストロ、バル。屋台や食堂。国の内外を問わず、気取らないおいしいものと出合え

上から時計回りに。白磁筒鉢・吉田直嗣　白磁中鉢・水垣千悦　六寸リム皿・吉田直嗣　白磁にゅうめん鉢・設楽享良

左：白磁のうつわで中華粥。土鍋で中華粥を炊き、水垣千悦作の中鉢で。お粥のトッピングは吉田直嗣作のリム皿に。土鍋は土楽窯のポトフ鍋。レンゲは祥瑞（しょんずい）文様を得意とする福西雅之作。　**右**：白磁で揃えてホテルの朝食風。吉田直嗣作のリム皿と筒鉢を。ナチュラルで心安らぐ木目と白。マグカップ・設楽享良 ガラス鉢・大迫友紀　胡桃材トレイ・杉村徹 バターケース・三谷龍二

る場所には必ず白磁の食器がありました。

ここで取り上げる四種類の白磁は、長く使っている我が家のレギュラーメンバー。業務用のうつわにありそうな形ながら、白の表情や焼きムラ、ロクロ成形のわずかな歪みなどに個性が潜んでいて、シンプルながら味わいのある造形です。

もし、白いうつわは量産の工業製品でかまわないと思っているならば、ぜひ価値観のシフトチェンジを。白は無色ではなく無限のバリエーションがある色。白磁も、つくり手によってその表現は多種多様。使われる磁土の種類やブレンド、透明釉の調合、厚みの表現、

上左、上右：李朝の古作を写した中鉢は何かと重宝。茶色系のお惣菜を引き立て、台湾スイーツの豆花（トウファ）を盛れば現地の気分に。欅丸盆・新宮州三　漆レンゲ・太田修嗣　我谷盆・佃眞吾
下左、下右：設楽享良作の鉢には香港麺を。さっと湯がいてザーサイと和えたもやしをトッピングに。深さがあるので、ビビンパやロコモコなどにも。角盆・三谷龍二 カップ・大村剛　ルーマニア刺繍クロス・グランピエ

焼成方法で、白が無限に変わります。使用頻度の高い白磁のうつわこそ、しっかり吟味して好みのものを揃え、日常の贅沢を味わっていただければと思います。

愛用のリム皿、筒鉢、中鉢、麺鉢は、ふだんの簡単な料理を引き立てる力があって、絵にもなります。思い出の中にある旅、これから訪ねたい土地、など遠い空へと思いを馳せながら、白いうつわと料理で想像の翼を広げるのもまた楽しい時間です。

《コラム》

業務用の食器

簡素で堅牢、そしてグッドデザイン

今、我が家で使っているうつわの多くは作家ものです。けれど、作家ものがこれほどまでに充実したのは、ここ二十～二十五年くらいのことで、それ以前は、産地の焼き物や、洋食器メーカーの磁器、古伊万里などの古いうつわ、そして雑貨店で購入したものなどが食卓に混在していました。洋食器と和食器の使い分けもありました。

そこに新しい風を送り込んだのが、業務用の食器です。シンプルな白の、飾り気なさ。家庭のうつわは模様入りが人気で、白なんて病院や実験室のよう……。ところが、その味気ないうつわをオシャレに使うインテリア雑誌の実例を目の当たりにして、価値観の大転換が起こりました。シンプルでいいんだ、と。オシャレな雑貨店が提案し

江戸時代の業務用食器「くらわんか」。淀川を行き来する舟客にお酒や料理を売りさばく「くらわんか舟」が使っていたという量産の古伊万里で、ささっと描いた呉須の絵の勢いが好ましい。そういえばそば猪口も業務用食器！　欅材丸盆・新宮州三

上より時計回りに。菱形深皿はイタリアのリチャードジノリ(ベッキオ・ホワイト)で、高級レストランが好んで使う堅牢な磁器。ガラスのボウルはフランスのアルコロック社製。アイボリーがかった白が暖かく使いやすいリム皿はイギリスに古くからあるバラッツ社の業務用陶器。実験用乳鉢。F.O.B COOPまたはAfternoon Teaで購入した業務用グラタン皿。アメリカのダイナーなどで使われていたファイヤーキング社耐熱食器。

て、雑誌がそれを広めていく。無機的なうつわが持つ汎用性は、私たちの家庭料理が多国籍になっていく流れと絶妙なタイミングで出合った気がします。

家庭用と業務用は別次元と考えられていた時代から、業務用のシンプルさが家庭用サイズに落とし込まれていく時代へ。業務用は、ヘビーユースに耐えることが大前提。丈夫で使い勝手がよく、無駄な装飾は不必要であり、買い替えがきくこと、数揃えられること、など厳しい条件をクリアしたもの。スポーツウエアや作業着など専門的な機能のある衣料を街着として愛用するのにも似ています。

作家もののシンプルな白のうつわは、その原点が中国や朝鮮、古伊万里の磁器、またヨーロッパのファイアンス陶磁器にあることが多いのですが、同時に絵付けのないシンプルさに心惹かれている現代人の潜在意識を感じたりします。使い手の勝手な思い込みかもしれませんが。

II

晴れの日、寛ぐ日

ささやかな脱日常。自分なりのうつわ揃えを

暦の中にある季節のイベント。
一日の中のリラックスタイム。
人の営みは、時折リズムを変えることで、
平坦になりがちな日常に変化が生まれ、
気分転換になったり、生きる活力になったり。
これはつまり、「日常からのエスケープ」。
うつわもちょっと心楽しくなるものがいいですね。
特別に用意した晴れのうつわではなくていいけれど、
「好き」の基準からブレない、
ちょっと華のあるうつわを、
ひとつ、またひとつと揃えてみる。
そうすることで自分なりの晴れの日のうつわを
イメージできるようになりました。
うつわ揃えとは、つまるところライフスタイル。
どんな住まいで、どんなふうに暮らすか。
それによって自ずと選ぶものは絞られます。
ちょっとこれは違ったかな、と思っていたものも
時間が経つと思いがけずよさが見えて、
ああやっぱり好みだったのか、とうれしい発見も。

家それぞれのサイズでいい

年迎えの寿ぎスタイル

二〇一二年の年末、百貨店で「新春を彩る手のしごと」展をプロデュースしました。依頼を受けたとき、ひどく逡巡した記憶が蘇りました。というのも、年末年始のあれこれをほぼ手抜きで済ませていたからです。我が家は夫婦ともども年末まで忙しく、お正月も仕事という年が何度もありました。年末年始に休みが取れた場合も、最小限の料理を揃え、お雑煮をつくり、玄関に飾りをする程度。それぞれの実家へお年賀に行けば、おせちはそこで十分いただけるため、新年用の食器を用意することなく過ごしていました。都心のマンション暮らしには伝統的なうつわや飾りがそぐわないことも、お正月に対する苦手意識を促進していたようです。結果的には「田中さんのその感覚で、今の暮らしに合う新年のあれこれを選んでください」となって、シンプルなお飾りやふだんにも使える食器などを選んでみたところ、思いがけず評判がよく、つまりは今の時代、仰々しい年迎えをすることから遠のいているのだなと実感したのでした。

その一方で、既成品のおせちセットは百花繚乱。名料亭の豪華な詰め合わせ、人気レストランの和洋中を取り合わせたものなど、目移りしてしまいます。家族が集まる特別な日の、好みや人数に合わせたおせちは、バースデーケーキやクリスマスケーキのような、サプライズ感溢れる存在なのでしょう。おせち本来に込められていた吉祥の意味や、

三つ肴を皿にあしらえば、新年の酒肴に。伏見眞樹作菊皿は晴れの席にも似合う意匠。白釉輪花豆鉢・内田鋼一　箸置き・設楽享良　折敷・佐藤智洋

保存食となりうる味つけなどは、静かにフェイドアウト。日々ご馳走をいただいている時代に、もはやおせちは形骸化の果てに行き着いているような。

新年のお膳は、平安貴族の儀式に端を発していて、それが時代とともに、武家へ、庶民へと広がり、変化しながらもそれぞれの食材に込められた吉祥の意味を大切にしてきました。十年前の催事プロデュースは、私にとってお正月を考える貴重な機会にもなって、また、仕事中心だった生活が、次第にスローダウンしてきたこともあり、年迎えの本質的な部分は大切にしながらも、我が家流で行こう、と心を決めました。夫婦二人ささやかにお祝いするのが、身の丈に合っているようです。

私には、家族でのお祝い事やホームパーティをする場合などには揃いの食器が欲しいと思うところがあります。少し古風かもしれません。でも、昔のように五つ揃いを求めるのではなく、ばら売りのもの（今はこのスタイルが増えました）を四枚。四人まではきちんと銘々の器でもてなして、それ以上になったら大皿取り分けスタイルへとシフトする心づもりだからです。コロナ禍以降は二人で使うことがほとんどですが、その場合でも揃いの一部は使います。ただし順繰りに使い、同じように経年変化するよう気をつけています。

我が家の晴れの日のうつわは、漆器と白をメインに、染付、色絵を添えます。蒔絵や金彩の器は、日常づかいしにくいので、選びかねています。年に一回、お正月のための用意がある暮らしは憧れですが、我が家ではあまり現実味がないので、組み合わせや小物で、晴れやかさを引き出しています。

上左：ぎゅうぎゅうに詰め込んだ重箱は持て余しがちゆえ、小鉢を使うアイディア。滑りにくく指紋も目立たぬよう、黒の蒔地仕上げにと輪島キリモトで誂え。角鉢・若杉聖子　ガラス小鉢・三浦世津子　祝い箸と江戸からかみランチョンマット・東京松屋　**上右**：手持ちの小鉢に三つ肴を入れて重箱に仕込もう、と思いつく。上から白釉六角小鉢・岸野寛　更紗文レンゲ小付・中尾万作　染付楕円豆皿・日下華子　**下左**：青白磁の板皿に、残り少なくなったおせちをお重から移すと、気持ち新たになるから不思議。板皿・加藤委（つぶさ）
下右：きんとんやキンカンは金色を思わせ財運を願うもの。なます皿・古伊万里　いちじく文様塗椀・菱田賢治

霜夜のひとときに

心満たすプチパーティ

育った街に引っ越ししたためか、はたまた年齢か、昔の記憶が季節ごとに蘇ります。子どもの頃は、家でのクリスマスパーティが楽しみでなりませんでした。もみの木を庭から掘り起こして鉢に植え替え、応接間に置いてあれこれオーナメントを飾り付け。天井にはキラキラしたガーランド。イブの夜には親戚家族がやってきて、シャンメリー（私の時代はソフトシャンパンと呼ばれていたようですが、フランス政府から抗議があって、シャンパンでメリークリスマス、という意味を込めて、シャンメリーに）で乾杯、クリスマスソングを歌い、クリスマスケーキや骨付き鶏のロースト、フルーツポンチなどがテーブルに並び、ブーツに入ったお菓子の詰め合わせも必須アイテム。オーバルの大皿やコンポートなど、ふだんはあまり登場する機会のない大ぶりな洋食器の数々が活躍する日でもありました。

レストランでパーティを開いたり、友人を招いて賑やかにパーティを開くのが難しくなったコロナ禍を経験して、家族水入らず、和やかにホームパーティを楽しむ人が増えたようです。さて我が家はどうしよう……。レストランレベルの料理は無理だし、準備や片づけを考えると天を仰ぐ気分。どうしたら手軽にいつもと違う華やかな演出を楽しめるかしら。

左頁：木の実たっぷりのケーキにいいな、と購入した坂井千尋作小皿。木版画のようなモノトーンの動物の世界は絵本のよう。アンティークのクリストフルのカトラリーレストを添えて。大皿・鈴木稔 クロス・イギリスのヴィンテージリネン

で、ふと思ったのです。我が家には「だらだら飯」なる晩ごはんカテゴリーがあります。一汁三菜的な優等生を怠けて、居酒屋やバルみたいな惣菜で飲みつつ食べつつ済ませてしまうのですが、これがなかなか楽しいし、気分転換にもなります。うつわは、心躍る色やモチーフのものを選んで遊ぶことも。

よし、このクリスマスバージョンにしよう。

うつわをギャラリーなどで選ぶ際、私の脳内には妄想スイッチが入ります。使うシーンや盛り付ける料理、おつまみ、お菓子などを考えながら、うっとり。それで終わることも多々あるのですが、家にいる時間が増えた今、あれこれ試してみる絶好のチャンスと前向きに捉えて、楽しむようになりました。

食器棚にあるうつわの多くは、シンプルで使い回しできるものですが、洋服や和服でもシンプル一辺倒では面白くないですよね。アクセントになるアイテムやアクセサリーが、実は自分らしさを引き出します。食器も同じで、こんなタイプが食卓に加わったら楽しいな、と選んだものも少なからずあります。

そうしたアクセント的な食器を主役に据えて、十二月の夜を、お酒やお菓子とともに、メリーな気分を楽しむことにいたします。

上左：脳内は銀座のバー。オードブルを橋口暢広作市松角皿に。織部釉の緑をモダンに配した食器に、オールドノリタケのマスタードポットを添えて。シルバースプーン・鎌田奈穂　長板皿・杉村徹　グラス・オールドバカラ　**上右：**暖かな部屋でビールもまたよし。川島いずみ作の中鉢は低温焼成の柔陶ならではの鮮やかなブルーがペルシア風の模様と相まってエキゾチック。更紗モチーフのレンゲ・升たか　グラス・大迫友紀　布コースター・佐藤千香子　**下左：**インド更紗に目がない私の心をとらえた、輪島の蒔絵作家・山口浩美作長板皿と丸皿にデザートワインに合うドライフルーツなどを。ワイングラス・ルネ・ラリック（アンティーク）　**下右：**縁に色とりどりの鹿（鹿は金運のシンボル！と弁たかさん談）が描かれて、まるでリースのような升たか作中鉢。殻付きアーモンドを入れて、ヴァンショーのおつまみに。耐熱グラス・荒川尚也　胡桃材トレイ・杉村徹

とろりうっとり愛しむ

酒器の景色

我が家の食器棚の中には、少なからぬ数の酒器があります。長年にわたり工芸ギャラリーや作家さんの工房に通う中で集まったものなのですが、特に、盃、猪口、ぐい呑みなどが多いのは、サイズや価格の面で買いやすいことと、小さいながらも作家の個性や技術力、さらに言えば哲学みたいなものが込められていて、心惹かれるものが多いからです。

お酒を飲むことは嫌いではなく、量は飲めないのに、若い頃からお酒を楽しむ場が好きでした。お酒の種類は問わないのですが、日本酒に限定するならば、二十代の頃、浅草の「暮六つ」(閉店)や神楽坂の「伊勢藤」など、鬼平が座っていそうな江戸風情の酒場は聖地のような存在で、ドキドキしながら暖簾をくぐった記憶があります。以来、地方では、郷土料理と地酒をいただき、東京や京都の割烹や小料理屋では、食器づかいや酒器の楽しさを味わうなど、小さな楽しみを重ねてきました。なぜか酒好きな人と縁が深く、いいお酒の楽しみ方を教えてくれる先達に恵まれてきました。

お酒をいただくうつわには、食器とは違う「色気」みたいなものがあります。片手で包むようにして持つときの感じ、唇に当てたときの触感、香りが立ち上がり、舌を潤わせる酒の飲み心地、目近で眺めるうつわの景色。さらに酩酊が進めば、手のひらになじ

上：秋冬の楽しみは、にごり酒。要冷蔵、微発泡の日本酒は、ガラスのぐい呑で。上から時計回りに。エナメル&サンドブラスト・中野幹子　パート・ド・ヴェール・大室桃生　カットグラス・大迫友紀　切子・小川郁子　錫の片口・青木聖　卵殻象嵌の盆・泉健太郎　**下**：私にとってはかなり正統派の酒器合わせ。陶器の徳利やぐい呑は、「お酒を飲ませて育てる」ものとか。古陶磁を探求する若い作家の酒器、経年変化を楽しみたい。右は矢野直人作斑唐津ぐい呑、左は加藤亮太郎作織部ぐい呑。徳利は粉吹（粉引をさらに焼いて変化させる）技法の辻村塊作。欅材丸盆・新宮州三

ませて愛おしんでしまう。なんとインティメートな関係であることか。

　機会がぐっと増えた家飲みの楽しさは、お酒を吟味し、酒器を選び、帰宅時間を気にせず、リラックスモード全開で飲めるところでしょう。好きな酒器で飲めることが何よりうれしくて、いそいそと飲むお酒に寄せて、うつわ合わせを考えてしまいます。そして、旅でも街でも近所でも、ついついおつまみを探してしまう。からすみ、このわた、塩辛など、日本酒にこそ合う珍味の蠱惑（こわく）的な味わい、うっとりです。

　ところで、日本酒をいただくうつわには、盃、猪口、ぐい呑などの呼び名があります。盃は、小皿状のうつわに高台が付いている形ゆえ、区別できますが、猪口とぐい呑は曖昧です。一口で飲めそうな大きさが猪口、グイッとたっぷり飲める容量なのがぐい呑、とそんな感じでしょうか。猪口は熱燗のイメージがあって、徳利とセットになったものが多いようです。

　ささやかながら、冬の夜に楽しみたいお酒と酒器の取り合わせを考えてみました。機能性というよりも世界観合わせですが、なかなか楽しい作業です。独酌もよし、二人もよし、友を招けばもっと楽し、などと呟きながら、時々の気持ちに添うようなお酒と酒器で、心身をリリースするひとときを楽しみます。

上左：初秋に仕込んだ葛花酒は睡蓮にも似た香りゆえ、個性的なぐい呑で。左から、ブロンズ釉ぐい呑・濱中史朗　錆陶銀彩ぐい呑・井口大輔　川連漆器銀彩ぐい呑・攝津広紀　ガラスボトル・津田清和　丸盆・井藤昌志＆鎌田奈穂　**上右**：日本酒の古酒は、ちょっとエキゾチックな雰囲気を醸す味と香りなので、更紗花、唐花、薔薇の文様の酒杯を。左から、蒔絵薔薇紋杯・山口浩美　金彩唐花紋陶漆酒杯・菱田賢治　色絵陶杯・升たか　ガラスの注器・長野史子　漆丸盆・山本隆博　**下左**：日本酒の燗は、有次の手打ちアルミのちろり（日本酒を温める道具）を使う。熱伝導率がよく、温めはあっという間。冷酒用としても優秀で、氷水につければたちまちキリリ。**下右**：新潟にある朝日酒造「久保田」を愛飲。味がいいのはもちろん、ラベルに同県の越後門出和紙を使用しているゆえ。片口・中里太亀　中央の徳利・高仲健一　左の徳利・辻村塊。

いつでもどこでも
マグカップなら安心

マグカップに温かい飲み物を注ぎ、手のひらを温めるようにおしいただく。すると、気持ちがふわりとほぐれるような気がします。

マグカップは和製英語で正しくはマグ。持ち手の付いた大ぶりのカップという意味で、語源は、蓋がない、片手。コーヒーカップやティーカップなど、手付きのカップ&ソーサーのカジュアルバージョンで、日本では日常使いの洋食器として暮らしに浸透してきました。うつわを手にするのに持ち手はとても便利です。ほら、赤ちゃんが自分で持って使う「はじまりのうつわ」は、両手付きのベビーマグ。握力が弱い高齢者にとっても、安心です。

持ち手は、縄文土器にも見られます。けれど、日本の食文化にはなじまなかったのか、近代以降の西欧文化移入まで、飲み物のうつわといえば湯呑み。そういえば、民藝運動の同人である陶芸家・バーナード・リーチは、昭和初期に民藝ゆかりの湯町（ゆまち）窯や出西（しゅっさい）窯などで、陶器のコーヒーカップをデザインしたり、取っ手を付ける技術を指導しています。「リーチグリップ」として知られていて、指導の要諦は「カップの横から生えているように付けなさい」だったそう。

今では、どこの家にもあり、いくつもあり、食卓だけでなく、デスクや仕事場の邪魔

上左:古色を帯びた釉色は木のうつわともなじみがいい。白濁釉と飴釉の鎬（しのぎ）カップ・余宮隆 カッティングボード・工房イサド クロス・イギリスのヴィンテージリネン **上右：**アンティークレースで文様を施した白磁がエレガント。マグカップ・濱中史朗 白磁のオブジェ・恩塚正二 布コースター・佐藤千香子 栗材トレイ・おかや木芸 **下左：**仕事のデスクには安定した形のマグカップが安心。スリップウエアのマグカップ・伊藤丈浩 小皿・沖縄のやちむん カンタ刺繍コースター・グランピエ **下右：**コーヒー豆を散らしたようなマグカップは、工房十鶴作。やちむんによく見られる水玉めいた文様に線を刻んだのが始まり。コーヒースクープ・新宮州三 丸盆・井藤昌志＆鎌田奈穂

にならない場所に置かれるマグカップ。とてもパーソナルな存在で、個性豊かな色柄を使う楽しみがあります。あっ、マグカップってTシャツみたい。ノベルティあり、オーダーあり、ファストファッションから高級ブランドまで網羅、という点も似ているし、使い勝手のよさ、カジュアルさも共通点。老若男女が愛用する、そんなところも。

私がギャラリーや和食器店でうつわを買い始めた三十年ほど前、知人に、「いいマグカップが欲しいんですけど、そういうお店で売っていますか」と尋ねられて、面食らった記憶があります。当時から和洋中エスニックに使えるうつわを探していましたが、マグカップはまだ洋食器でよし、という感覚だったからです。当時使っていたのは、確かウェッジウッド製。でも、そういえば高校生のとき、叔父夫婦にプレゼントするために原宿の「生活の木」で購入したのは、少し和のにおいがするマグカップだったと思い出し、以来、気にして見るようになりました。そして、若いうつわ作家が増えるにつれて、感じのいいマグカップが増え、最近では主要アイテムの感すらあります。

私がこれまで買ってきた作家もののマグカップは、無地感覚がほとんど。好みでもあるのですが、かつて使っていた洋食器や雑貨のマグカップが模様のあるものだったからかもしれません。うつわ合わせで表情が変わるのも、無地感覚の面白さですし、柄がない分、フォルムや質感に力が注がれている気がします。持ち手のデザインは、つくり手により様々で、見飽きません。持ち手は耳形やフ形、C形、D形などの呼び名がありますが、基本は本体とのバランスありきであると同時に、どんな持ち手にするかで印象が変わるため、個性の見せどころでもあるのでしょう。

上左：つくり手により白磁の白にも呉須の青にも、個性がある染付。マグカップ・設楽享良 皿・スティグ・リンドベリ（アスター・ヴィンテージ） 栗材角鉢・佃眞吾 **上右**：マグカップのフォルムに宿る独特のバランス。白南蛮マグカップ・野口悦士 型絵染コースター・石北有美 **下左**：風化した壁のような質感。マグカップ・大澤哲哉 豆ドラ鉢・吉田直嗣 木のディップカップ・ふるいともかず 角皿・李英才 バターナイフ・さかいあつし 胡桃材プレート・杉村徹 **下右**：沖縄の空や海を思わせて心楽しいペルシャブルー。マグカップ・大嶺實清 小皿・日下華子 銀スプーン・長谷川まみ コーヒーサーバー・村田森 カディクロス・グランピエ

右頁：マグカップ・大澤哲哉　皿・マリアンヌ・ウェストマン（モナミ・ヴィンテージ）
左頁：そばちょこっぷ・中野幹子　湯呑み・八木橋昇

《コラム》

眺めてうつわを学ぶ

絵本を楽しむように

どんな住まいで、どんな暮らしをして、どんなうつわで食事をするか。つまりライフスタイルを編集すること。長く本に携わる仕事をしてきた中で、それはとても興味深い作業であり続けています。

「手仕事」「工芸」のうつわや道具を暮らしの中でどう使っていくかは、つくり手のことを知ることと同じくらいに大切なテーマです。時に、言葉を尽くして魅力を伝えるよりも、こんなふうに使っては？　とコーディネートを提案することが目と心を惹きつけるからです。

まずは焼き物の産地、種類、技法、歴史を知ることから始まりましたが、次に、うつわの盛り付けの基本を学ぶことも必要だと気づきました。同時に、個人的な趣味として、センスが好きだなと思う人の本を購入、古書や洋書も探しました。決定的な教科書があるのではなく、琴線に触れるものをランダムに選んでいると、自分の「好き」が見えてきて、選ぶものも無意識裡に絞られてくるようです。

好きな本は、長くそばにあって、時折ページをめくって

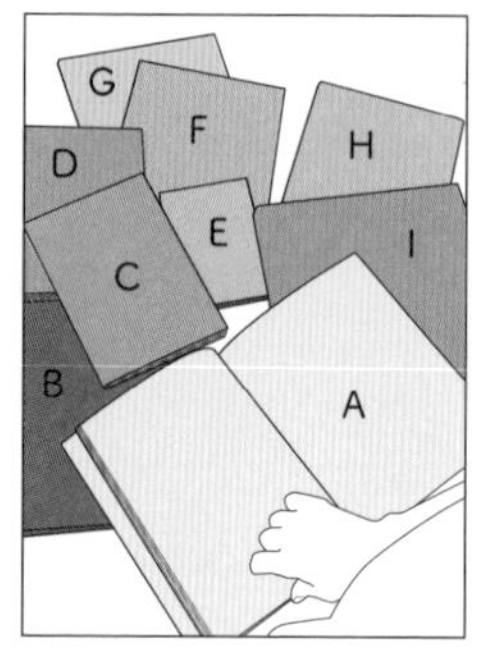

A
『うちの食卓ふだんの暮らし』
有元葉子　集英社
有元ブームのきっかけにもなった本。暮らしに行き渡るセンスに見惚れます。

B
『土楽食楽
こうして日本を食べている』
福森雅武　文化出版局
豊かな自然環境から生まれるうつわと料理の理想郷。ただただ憧れます。

C
『ファーマーズテーブルの本』
石川博子　主婦と生活社
生活雑貨をていねいに軽やかに紹介してきたショップの世界観が楽しめます。

D
『器つれづれ』
白洲正子　世界文化社
本物、しかも、ふだん使いのうつ

は、「好み」というのは意外なほど変わらないことを確認してしまいます。仕事でヘトヘトに疲れたときにページを繰っては素敵なうつわやコーディネートをうっとり眺め、それがどれほど慰めになってきたことか。お気に入りの絵本のように、ずっとそばにある本を何冊かご紹介します。

わ。名エッセイとともに審美眼とは何かを学びました。

E
『辻留の和食器入門』
辻嘉一　中公文庫ビジュアル版
懐石料理をベースに、和食器の種類と盛り付けを学べるコンパクトな名著。

F
『向田邦子の手料理』
向田和子　講談社
食いしん坊で料理好き、そして「器狂い」だった憧れの向田さんの人とセンスが横溢。

G
『パリのお惣菜屋さんのレシピ』
上野万梨子　文化出版局
塩とオイルが決め手のシンプル料理を教えてくれた本。盛り付けのセンスも素敵。

H
『B.L.T.』
上野万梨子&SAZABY　柴田書店
三十年前に提案された、新しい食のスタイル。今見てもシンプルでスタイリッシュ。

I
『CHIC SIMPLE COOKING』
KNOPF
アメリカ発のライフスタイル提案書。上質で確かなものを選ぶ指針を示してくれました。

キッチンまわり

手仕事の道具は飽きない、褪せない

昔ながらの形、自然素材、すっきりとしたデザイン。シンプルで、無彩色。
ある時期から、そうしたキッチンツールが人気になったのは、
食いしん坊がプロのツールに注目したことや、
おしゃれな料理研究家がセンスよく使いこなしている、
そんな情報が雑誌などで多く取り上げられるようになったから。
我が家のキッチンには長く使ってきた道具も多々あるのですが、
主にシンプルな道具を選んできたことで、
統一感が自ずと生まれて、ものが多い割にごちゃつきません。
使いこなせるかな、と思っていた道具も、
使い続けるうちに慣れてきて、当たり前の道具になります。
私たちは忙しい暮らしをしている一方で、
昔の人に比べればかなり時短できています。
その中で、確実においしさが上がる道具や、
使うほどに愛着が深まる道具を取り入れるのは、
日々を豊かにしてくれることなのだと実感しています。
ちょっと値の張る、頑張って買った道具はなおさらです。
いきなりすべてを揃えなくても、ゆっくり手に入れていけば、
いつの間にか自分らしいラインナップになっていき、
そして、次に必要なもの、入れ替えるべきものがはっきりとわかります。

表舞台に出せる

ＬＤＫ時代のキッチンツール

台所とキッチン。これは単なる訳語関係ではない、といつも感じています。私にとっての台所はサザエさんの家にあるような昭和の板の間。食事は食堂だったり、茶の間だったり。暮らしの洋風化で調理する場と食事する場はひと続きになり、さらには寛ぐ場も繋がって、Living Dining Kitchen が標準仕様になっています。

私が密かに憧れ続けているのは、割烹料理店の厨房を彷彿とさせる台所。機能美が行き渡り、美しい調理具が揃い、白い割烹着でキビキビと働くような。でも、実現への道は遠い。まず暮らしぶりがそぐわないし、私の料理の腕はそんな装置を必要としていません。しかも、長くマンション暮らしだったので、ＬＤＫ族です。とはいえ、二〇二〇年二月に、古い一軒家をリフォームした家に移り、家の構造上、アイランドキッチンを配したダイニングキッチンになったことから、調理具の姿はダイニングから丸見えで、時に乾かすために出しっ放しにすることもあり、これまで以上に、姿のいいキッチン道具への意識が高まりました。時を同じくしてのコロナ禍で、家で過ごす時間が増え、家ごはんが圧倒的な割合を占めるように。こうなると、日々使う道具への関心は高まる一方です。

以前は、欧米のおしゃれなキッチンツールに注目が集まり、憧れの的でした。でも、

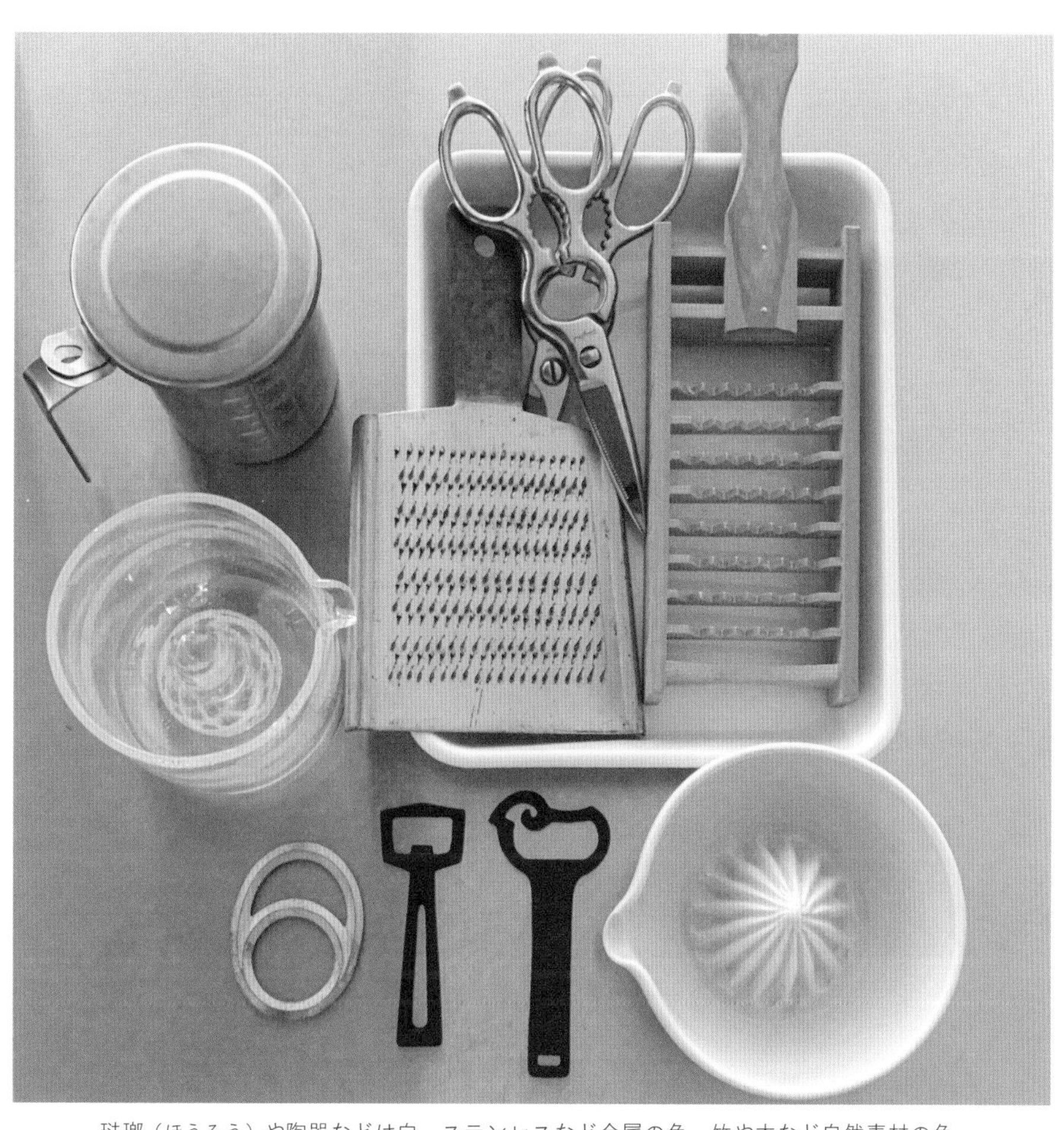

琺瑯（ほうろう）や陶器などは白、ステンレスなど金属の色、竹や木など自然素材の色、
と選ぶ基準をある程度決めてきたことで、表に出していても目障りにならない。

上左：田井将博作の浅漬鉢は、気泡の流れが美しい宙吹きガラス製。重石もガラスで、キュウリやヤマイモを割るのにも重宝。片口から余分な水分を流せる。　**上中**：五十嵐元次作青白磁製レモン搾りは、欲しかった安定感！　底の重みや搾り部分の尖り具合が絶妙。小皿・日下華子　クロス・アルディン　**上右**：木工ヤマニのペッパーミル（シアトルタワー / 9寸サイズ、胡桃材）。テーブルや椅子の足を削る木工旋盤の技術で生まれたもの。素材、デザインは様々ある。　**下**：燕三条の一菱金属のconteブランド「こします」。マットなステンレスの質感、収納しやすいスリム型で、注ぎ口は円周すべてという優れた加工。

意外と日本の暮らしに合わなかったり、デザイン過剰だったり。今は国内ブランドのシンプルで廉価なものが充実し、定番化しています。料理研究家や料理人監修の機能的な道具も人気です。また、質実な業務用の厨房道具も家庭用として広まっていますね。台所の道具といえば、木製、竹製、陶器製が中心だった昔から、戦後のプラスチック全盛へ。プラスチックってモダンで扱いやすい新素材だったことでしょう。北向きで風通しのいい台所だからこそ木や竹の道具は清潔に使えたけれど、密閉性の高い集合住宅では扱いづらいこともあったと思います。易きに流れるのは、人の常。でも、道具を使う楽しさは、高い機能性と美しい姿があってこそ。感じよく経年変化し、長く愛用できるという長所も大切です。プラス

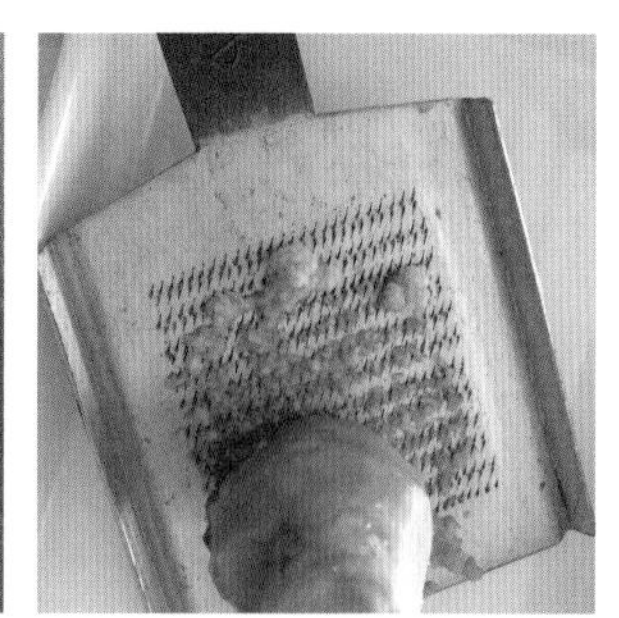

上左：兵庫県小野市の多鹿治夫鋏製作所のブランド「TAjiKA」の総磨きはさみ。プロ御用達のはさみメーカー。二つに分かれるタイプで、重なり部分の汚れを洗い流せる。　**上中**：竹製鬼おろしでおろすと、薬味というよりもサラダ感覚のシャキシャキした味わい。焼き油揚げに必須。バット・野田琺瑯　**上右**：手打ちの大根おろしは鋭利な刃でおろすと、余分な水分が出ないため、さっぱりおいしい。裏面はたっぷり生姜をおろすのに好適。銅おろし金・勅使川原隆　**下**：上等な瓶詰め醤油や油、クラフトビールには栓抜きが必要。南部鉄器の羊形栓抜き・鈴木盛久工房　南部鉄器の直線的なデザイン栓抜き・釜定　高岡鋳物真鍮栓抜き・FUTAGAMI　丸盆・井藤昌志 & 鎌田奈穂

チック製品が、経年変化して美しくなっている例、残念ながら見たことはありません。

もちろんプラ製品は優秀で、日々便利に使っているものもあります。でも、できれば少しずつ、使って楽しい、美しい、そんな道具を増やしたいという思いは揺るぎません。ステンレス製のものは業務用の雰囲気があり、汚れにくくて丈夫です。また、裏方道具だからと味気ない質感だったり、女性好みを過剰に意識したデザイン傾向にあった道具は、近年、質実にシンプルに変化してきています。日本で地道につくっている工場ものや、職人や作家が工夫して生み出す道具は、使うたびにホレボレ。もし買い足しや買い直す機会が訪れたなら、ぜひ日本のいいものを選んでいただければと思います。

レトロ調理器具にあらず
映えるすり鉢

高機能家電、冷凍やレトルト食品、食材キットなど、私たちの台所事情は革新的な変化を遂げて、家事に縛られていた女性たちを救ってきました。が、その変わりぶりは、暴走気味とすら思える昨今ゆえか、オールドな台所道具が見直されています。

そのひとつが、すり鉢。実は私、気づいていなかったのです、すり鉢が家庭から消えつつあることに。だって、とても便利な調理具です。すったり、潰したり、和えたりと、シンプルな形ながら多様に使える道具で、電動の刃でカットして滑らかにするフードプロセッサーとはまた違う、素材の味が生きた口当たりを楽しめるのですから。

そんなすり鉢の歴史を探ったところ、なかなかに歴史あるものでした。中国宋代にはあったというすり鉢が日本の文献に現れたのは平安時代末。『病草紙』という絵巻物の中には、確かに、大きなすり鉢を両足で挟み、すり粉木を使う女性の姿があります。

ただし、今のような櫛目入りは鎌倉時代になってから。最古の発掘品は備前焼で、その後、信楽（しがらき）や瀬戸、丹波、常滑（とこなめ）などでもつくられるようになって、室町時代には、すり鉢を使った料理が様々登場、江戸時代には庶民の道具となり、すり鉢を使う料理のバリエーションも広がりました。

そもそもすり鉢の大きな役割は、味噌を潰すことだったそうです。自家製味噌が当た

上：小代焼ふもと窯の、鉄分の多い土に藁白釉をかけた深みのある灰白色と土の色。使うたびに心楽しくなるすり鉢。直径25cm。　**下**：ゴマ和えにはこの直径17cmサイズを。鎬が施された黒釉のすり鉢は岸野寛作。古陶磁に触発されて生まれたうつわながら、洒落た雰囲気（p117参照）。

り前だった時代、原料になる煮大豆は臼と杵でついていました。当然、味噌には豆粒が残るので、味噌汁に入れる場合はすり鉢ですり、味噌こしでこす手間をかけました。だからこそ、すり鉢とすり粉木は、各家庭に必ずあった道具だったのです。

かつて一般の家庭にあったすり鉢は、赤茶色の信楽焼、石見焼などの量産陶器。今でもホームセンターなどで入手できるスタンダード。長年使われてきただけあって、使いやすい形ですし、価格もこなれています。ただ、どうしても水屋道具という雰囲気で、食卓に置くと、うーん違和感。それゆえ我が家では、他のうつわとの相性がいい作家ものなど、いくつかのサイズを選び、使い分けています。

直径十六センチは小ぶりで、少量のゴマや胡桃をすって汁や炒め物に入れたり、タレを加えてドレッシングやソースにするときに便利です。すり身ダンゴを鍋に落とすのにも重宝なサイズです。

もう少し大きい直径十七~二十センチは、一般家庭サイズ。定番すり鉢ならば六号というサイズになります。和え物をつくる場合にもほどよい容量。さらに大きいサイズは大家族の家庭や、とろろ汁向きです。うちでは直径二十五センチを使っています。小代焼ふもと窯井上尚之作のすり鉢は、盛り鉢としても絵になる焼き物。作家ものなどの、質感や形のいいすり鉢は、盛り付け鉢として使ったっていいんです。機能のある道具は用途に縛られてしまいますが、もっと自由におおらかに使おうと日々思っています。

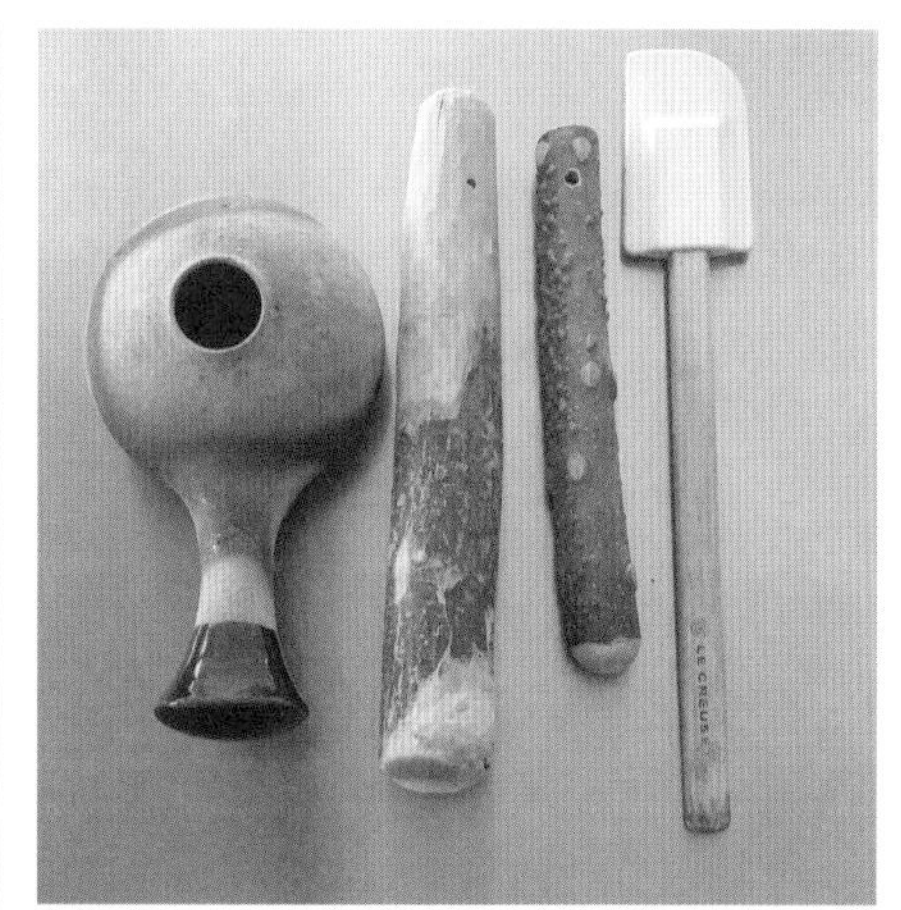

上左：宮崎などの郷土料理・冷や汁はすり鉢料理。ゴマ、味噌、焼きアジをすり合わせ、出汁でのばし、キュウリ、みょうが、大葉をたっぷりと。飯びつ・桶栄、茶碗（マカイ）・読谷山焼北窯松田米司　栗材坪杓子・新子（あたらし）薫　**上右：**好物の鶏肉のつくねダンゴ鍋に使うすり鉢は、土屋由起子作。ご主人が和食の名料理人で、ご本人も料理好きゆえ、使い勝手よく雰囲気のあるこんな道具も上手。 **下左：**とろろ芋をおろすのは、すり鉢が便利。直径25㎝の小代焼のすり鉢で。**下右：**山椒の木のすり粉木。イボがあるものは持ちやすく、硬くて割れにくい。焙烙（ほうろく）は土楽窯のもの。生ゴマを炒って使っていた時代の台所道具だが、煎りゴマが主流の今は、使う前に軽く炒ると、香ばしくなる。

グッドルッキングな働き者

ざると籠

　コロナ禍の気分転換になればと、興味のあった薬草コーディネーターの資格を取ったため、薬草茶や果実酒づくりの作業がぐんと増えました。やっかいな雑草であるイメージが先行していたヨモギ、ドクダミ、クマザサなどの、驚くべき薬効の高さ。庭や土手や山で、採集して、洗って、水を切って、干して、刻んで、焙じて、の作業を進めていますが、ありがたいのは、どの作業も台所道具で事足りること。中でも自然素材のざるや籠は目にも優しく、薬草を扱っている間も心楽しい景色です。自然素材の台所道具は、扱いづらいと躊躇される方もいるようですが、ささっと洗って、振って、拭いて、風通しのままあよい場所に置いておけば大丈夫。私はオープンシェルフに置くだけで問題なく使っています。

　かつて竹を始めとする自然素材の台所道具は家庭の必需品でした。けれど、ステンレスや合成樹脂製品が席巻して、台所がキッチンと呼ばれるようになり、洋化、近代化の流れの中で姿を消していきました。ところがなぜか、私は若い頃から竹ざるを使っていました。家庭を持つに当たって、食材の湯通しには竹の盆ざるが必須、と思っていたのです。もちろん、ステンレスのボウルとざるのセットや、ステンレス製編みざる、プラスチック製品のサラダドライヤーなども使いつつ、です。

左頁：我が家のキッチンで使っているざると籠。編み目の面白さ、使うほどに色艶が上がる味わいは、長く使い続けるほどに実感。竹細工には白竹ものと青竹ものがあり、白竹とは、竹の油を抜いたものをヒゴにして使うもの。青竹とは、竹を切ってすぐにヒゴにして編むもので、農具や漁具はこの方法でつくられてきた。

余談ですが、ざると籠の定義は曖昧。平たい形がざる、深さがあるものが籠、水切りするので表皮を見せて編んだものがざる、など諸説あります。

竹は主にアジアに生息する成長の早い植物です。堅牢にして、しなやかで丈夫で、扱いやすく、抗菌作用も高いことから、大は建材から、小は箸や爪楊枝、釘まで、広くあまねく使われてきました。割ってヒゴにして編めば、ざるや籠となって、農具や漁具、運搬、保管の道具など、様々な形、編み方、名前を生み出しました。地方により竹の種類は異なるため、その土地ならではの表情もあります。竹林の

上左：洗い籠は常設せず、軽くて出し入れしやすい竹製の茶碗籠を。勢司恵美作。　**上右**：久保一幸作の波ござ目籠。二つのくぼみがある形。グラス・大迫友紀　クロス・インドのブロックプリント　**下左**：京都にある辻和金網の金網籠も愛用。いただきもののレモンを！　**下右**：平たい盆ざるは、台所道具の定番中の定番。直径28㎝サイズは2枚あり、30年以上使用。油揚げや厚揚げの使用頻度が高い我が家の必需品。

風景は水墨画などの題材としても好まれてきました。

けれど、化学的な新素材の登場で、今では用途を失い、管理されないまま荒廃した竹林が社会問題にまでなっています。竹籠をつくる人も高齢化で減少しています。

そうした状況下ですが、竹工芸を目指す次世代は育っていて、竹材を見直す人たちも少しずつ増えています。竹林を整備する人、材料をつくる人、道具をつくる人、使う人。この四つを底上げできるよう、微力ながら応援していきたいと思うのです。

ところで。調理や食事をするダイニングキッチンは、工業製

上左：竹内啓子作のあけび蓋籠はパン、お菓子入れに。ボンボンがキュート。カッティングボード・佃眞吾　パンナイフ・上田裕之　**上右**：籠やざるの生産で知られる福島県三島町は、竹ではなく、ヒロロ、山葡萄、マタタビなどを使う。中でも名品として知られるのは、マタタビの米とぎざる。 **下左**：会津若松で買った32㎝の盆ざるは鈴竹製。枝豆は茹でたら塩をまぶし、うちわで熱を冷ます。うちわは、沖縄のクバうちわ。 **下右**：つくり手の少なくなった青竹細工のつくり手、桐山浩実作のそばざる（p.35でも使用）は、洗った夏野菜を盛り付けテーブルの彩りに。

品が多く、まちまちなパッケージデザインに溢れ、加工前の食材、家電製品も多くあります。これらを放置すると、部屋の中はかなりのカオス状態に。

収納は隠す収納と見せる収納に大別できますが、私が収納ツールとして使っている籠は、見せつつ収める、収めつつ運ぶ、隠しつつ見せる、という多面性を持っています。籠は世界中にあって、風土や生活スタイル、生業に合わせてつくられ、農業、漁業、林業などの産業用や、住まいの用途によって、様々な形が生み出されました。

材は、山野を荒らす蔓性の植物や、栽培しやすく、また、伐採してこそ管理できる植物で、

上左：和島常男作アケビ籠は二重編みという厚みのある高度な編み方。クロス・佐藤千香子　**上右**：青森県の竹内啓子作アケビ籠。オーバル形はテーブルでも収納でも収まりがいい形。４本取りした蔓を網代編み。白磁のカップ・吉田直嗣　木のナイフ・さかいあつし　胡桃材トレイ・杉村徹　ワイングラス・バカラ（モナコ）　**下左**：桐山浩実作の籠を使って、我が家流のお盆飾り。カップ・大谷桃子　香炉・さかのゆき　コースター・染司よしおか　**下右**：竹内啓子作の籠にこれから使うハーブを仮置き。

しなやかにして強靭。もちろん土に還る素材です。自然と共生しながら理にかなった材を選んできたことがわかります。

かつてのように、実用品として量産される時代ではありませんが、それでも籠は私たちの心をとらえます。籠に宿る素材の生命力や編み目の美しさには、細胞レベルに響く規則性があるからかもしれません。

上左：リモコン入れに重宝している岩手県盛岡市のオズのかごバッグ製サワグルミ籠。田中昭夫作正藍型染布を観音開きできるよう畳んで。 **上右**：桐山浩実作の籠バッグに花を投げ入れ。荷物運びや瓶もの収納など様々に利用。 **下左**：乾物や袋菓子を入れているインドネシアの籐籠。オープンシェルフに置いて使用。 **下右**：長く使っているフランス製ヤナギ材籠。独特の透かし編みはアジュールと呼ばれる伝統的な技法。クロス収納に。

土鍋や飯びつ、茶碗などはひと晩外に置いて乾かすと安心。

《コラム》

手仕事の道具

扱い、手入れは難しくない

手仕事の道具は、電子レンジに入れられない、食洗機では洗えない、ということもあり、手を出しにくいという声を聞きます。確かに、仕事や子育てに追われている人には手放しでおすすめはできないのですが、磁器の食器は金銀彩がなければ電子レンジや食洗機が使えます。

土ものうつわは、水洗いしてクロスで拭いてから使うようにしています。特に粉引や焼締は匂いがつきやすいので気をつけて。以前、そのひと手間を忘れ、焼締皿に目刺しを載せたら、しばらく匂いが抜けず困りました（そのうちに抜けましたが）。

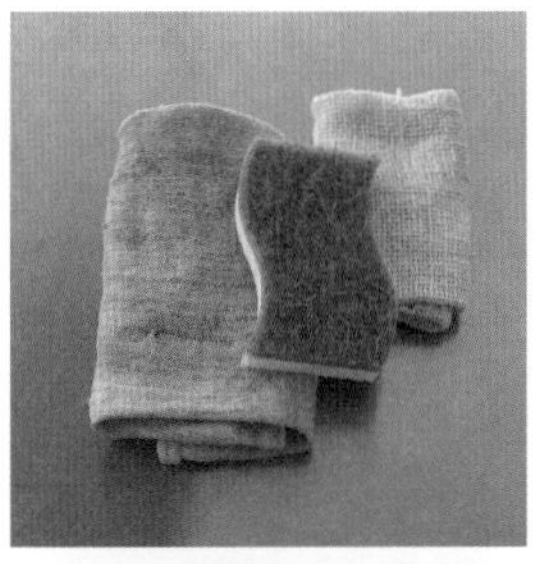

上左：食器洗いに使うのは、セルロースや植物繊維を使ったスポンジでAIRNEXのもの。漆器には白い面を使用。ほかに、「びわこ」ふきんや大井川葛布のフェイスタオルが傷んだものを使用。　**上中**：すり鉢の櫛目は国産棕櫚を使った髙田耕造商店製手付きたわしで。 **上右**：注ぎ口のある片口は、重ねて収納するのが少しばかり難しい。偶然ながら我が家の片口鉢は入れ子にして収納OK。さんざ使って穴の開いてしまったリネンクロスなどを間に挟んで。 **下**：ほうきやブラシを扱う京都の内藤商店で買う徳利洗いは、背の高いグラスや瓶を洗うのにも便利。

また使い終えたらしっかり汚れを洗い流し、水分を拭き取ります。湿度の高い時期は、すぐに棚にしまわないほうが安心です。

ふだん使いの漆器はやはり手で扱うものです。電子レンジと食洗機は、温度変化が激しいこともあり、使用できません。でもサッと手で洗うだけできれいになります。油を使っていないものは、それで十分。あとは拭けばいいだけ。油や匂いが強い場合は、中性洗剤を少量お湯に溶かすなどして薄め、スポンジや布で拭うように洗います。

少し気を使いたいのは、徳利です。お酒の糖分やアミノ酸が残るとカビの原因になるため、お湯を入れて中の酒分を抜き、ブラシでしっかり底を洗います。特に陶器の酒器は、お酒をしっかり洗い流し、十分に乾燥させてからしまいます。

香炉・伊藤正　ガラスのボールペン（円錐型のです）・荒川尚也
木彫の小箱・泉健太郎 敷板・羽生野亜 ジャグ・田中信彦

IV

暮らしまわり

花を生ける、香りで彩る

家を片づけて掃除した後に、空気を入れ替え、
季節の花を生けて、その日の気分で香りを楽しむ。
そんな流れで始まる一日は、私にとって満点の日、ですが、
そううまくはいきません。
だからこそ、うまくいった日はとても幸せ、とポジティブに考えます。
その幸せのためのうつわを、少しずつ選んできました。

花を生けるうつわや香りを楽しむうつわは、
食器と違い、うつわそのものを愛でて飾る要素もあるので、
実用性プラスアルファの魅力あるものを。
そんなセレクトをしていくと、
うつわとインテリアが響き合って、
自分らしい空間を深めてくれるように感じます。

フォルムにときめく

西欧発祥のジャグ

うつわを選ぶとき、どう使おうか、何と合わせようか、手持ちを考えつつ選ぶことが多いのですが、用途を考えることなしに、「これ好き！」と虜になってしまうアイテムがいくつかあります。たとえば、ジャグ。作家それぞれの土や釉薬、加飾の表情に加えて、液体を溜めるのにふさわしいふくよかさを持つ胴の形のバリエーション、くちばしを思わせる注ぎ口、ゆったり弧を描く把手、それらが名状しがたいバランスでまとまっていることに、愛しさを感じてならないのです。

ジャグまたはピッチャーに当たる日本語は、水差し、水注ぎでしょうか。日本に昔からある形ではないことを、民藝運動同人で陶芸家のバーナード・リーチが残した『バーナード・リーチ 日本絵日記』（講談社学術文庫）で知りました。リーチはジャグを多く手がけていて、島根県の出西窯でジャグづくりの指導もしています。把手のあるピッチャー（ジャグ）やジョッキは中世ヨーロッパでは一般的な道具であり、当時の日本では小鹿田焼にしか見ることができず、しかもそれはポルトガル（南蛮貿易）やオランダ（紅毛貿易）の影響の名残りだろうと推察しています。オランダ人の画家、ヨハネス・フェルメールの名画『牛乳を注ぐ女』が手にするのは、とてもいい感じのジャグですが、あの一枚の絵からも、ジャグが西欧の暮らしの中に浸透していた道具であることがわかります。

左頁：左から鈴木稔作、李英才作、厚川文子作、田中信彦作。いずれも、持ちやすく、注ぎやすい設計。

道具は用途により形が決まります。よりよい機能を備えてこそ長く愛される形として定着し、用の美と呼ばれます。働き者で、贅肉のない姿。多少無骨であっても、筋の通った合理性があれば、それゆえの魅力がにじみ出ています。ジャグの場合、注ぎ口の水切れのよさと、持ちやすくて注ぎやすいハンドルであることは、デフォルト。本来の用途として使われずとも、その二つがクリアできていない場合、きっと美しくなり切れない姿になってしまうでしょう。

ジャグは、フォルムの面白さゆえに、私は花器としてよく使っています。植物の個性豊かな葉や花、実、枝ぶりとジャグの形を呼応させる楽しみがあるし、注ぎ口が茎を収めるのに都合よく、芸のない投げ入れでも、なんとなく様になるから心丈夫なのです。

もちろん、本来の用途で使うこともあります。白湯を入れて飲料用にしたり、出汁を入れておいて、鍋料理で出汁が減ったときに注ぎ足したり。形のよいジャグは、そこにあるだけで雰囲気が高まります。また、造形の美しさから、オブジェのように眺めて楽しむこともできるアイテムです。しまうなんてもったいないから、見せる収納ということで、床や棚上を定位置に。集めて置けば、バザールみたいで、これまた楽しい景色です。

上左：手びねりより生まれる造形の面白さと、何度も釉薬を重ねて生み出す乾いた土の表情。片口・野口悦士 卓布・仁平幸春　**上右**：型による造形のモダンさと薪窯焼成による釉薬の暴れ具合が楽しい、鈴木稔作ジャグ。丈のある枝ものを投げ入れするときにも重宝。椅子・杉村徹　**下左**：李英才作ジャグは、俵形のシンプルなジャグ。夏場は、鉄瓶で沸かしたお湯を移し、冷まして白湯に。飲料として、また料理中の注ぎ足しにも便利。**下右**：錫のジャグとタンブラー。新潟・燕三条のイソダ器物製。へら絞り（金属板を回転させて、へらを当てながら立体にする技法）による。水道水をこのボトルに入れてしばらく置くと、えっ？　と驚くくらいおいしい水に。

絵になる

一輪挿し

春。家を一歩出ると、いたるところに色とりどりの花が咲き、若葉が萌えています。外で十分花を堪能できる時期ではあるけれど、自然のおこぼれをいただくような気分で、いつにも増して、家のあちらこちらに花を飾りたくなります。玄関やテーブルには大きな花入れを置くことが多いのですが、大きな花入に花を生ける場合、どうしても切り落としが出てしまいますし、水替えしながら小さくなる花を生け替えるうちに、つぼみだけ残ることも。そんな場合は、一輪挿しが重宝します。

また、この季節は雑草を野山で摘んだり、道の駅の野菜コーナーで山野草や畑の脇で育てた花に出合う機会が増えます。華奢で愛らしい花が多く、たくさん生けるよりも、小さな、あるいは口の細い花入れに飾ることで、その魅力が引き出されます。群舞とソロダンスの違い、みたいな感じでしょうか。花、葉、茎の形の個性が際立ち、一輪が備えている完成度の高さに見入ってしまうのです。

工芸作家が手がけるうつわを買い始めた頃から、食器とともに花入れにも心惹かれていました。それまで見ていた花瓶や一輪挿しとは明らかに違うフォルムやテクスチャーの面白さは、きっと生け花の技術がなくとも、投げ入れするだけで絵になる気がしたからで、その予感は的中し、以来、いいなと思ったものを少しずつ購入するようになりま

左より、一輪挿しにしている白南蛮角徳利・野口悦士　鋳込み白磁焼締一輪挿し・高橋奈己　金属釉杯・伊藤剛俊　錆器一輪挿し・二階堂明弘

した。中でも一輪挿しは、花や草、枝の姿の面白さを見出し、バランスの合ううつわに挿せばいいだけ。大きな花入れではなくとも、ダイニングテーブルや棚、デスクなどに、オブジェを飾ったような面白みを添えてくれます。

そもそも、花を生けずとも存在感のある姿形を選んでいるのだから当然なのですが（並べて、ジョルジョ・モランディの静物画のように飾るのも楽しい遊び）、花が加わることで、花とうつわが響き合い、花生けした姿も含めてオブジェ化するのがまた楽しい。植物が生まれ持っている造形と、土から生まれたうつわの人為が描きあげるアートにすら思えてしまいます（ちょっと大げさですね）。

自分のつくるものに用を備えたい、と一見オブジェに見えるものを花入れとして提案するつくり手も少なくありません。どんな造形であれ、水を蓄えることができる容量と穴があれば花入れになります。なんだか手強い相手のようにも感じますが、よいうつわが家庭料理をおいしく見せてくれるのと同様、よい花入れは普通の花を感じよく引き立ててくれます。まずは一輪挿しからいかがでしょう。

上左：聖杯を思わせる伊藤剛俊作一輪挿しにスズランを。後ろにはグレゴリオ聖歌の古楽譜。聖五月のイメージ。帛紗（ふくさ）・津田千枝子　**上右**：玉のようなシャクヤクのつぼみを入れて。イチジクを思わせる色合いの一輪挿し・打田翠　敷板・羽生野亜　石のオブジェ・上田亜矢子

上左：土の力を感じるテクスチャーゆえか、道端にある雑草が似合う（野口悦士作）。漆皮の敷板・樋上純　**上右：**ハシビロコウ一輪挿し・クゥテン ミーナ。小さな穴から水を入れられるので、切り落とした花を挿したり、ハーブを生けたり。 **下左：**錆びたブリキの水筒を写した一輪挿しは伊藤環作。クリスマスローズ、2輪が不思議と好バランス。卓布・西川はるえ　**下右：**二階堂明弘作の半紡錘形に直角な手を付けた一輪挿しは、シャープさと野趣の加減が絶妙。白樺材コースター・リトアニア製

暮らしになじむ匂いのインテリア

香器のすすめ

梅雨を迎える頃になると、湿度と気温の影響で、冬には気にならなかった生活臭に、鼻をクンクンさせてしまいます。キッチン、トイレ、バスルーム。玄関、カーテンやクローゼット、ベッドリネン。ついサボってしまう掃除や手入れのツケのようにして臭うものだから、しまった、と舌打ちしたくなることも。考えてみれば、人として生きていればどうしたって発生する匂いを、私たちはなんとか消す努力をしてきました。消臭剤や芳香剤、香りのいい洗濯石鹸のＣＭ、どれだけ見てきたことでしょう。

太古より人は香りの持つ力を知っていたことと思います。だから、火を発見したときに知った新しい香りに胸を躍らせたのでしょう。ある種類の樹木を焼くことで得る神秘的な香りは、聖なるものへの捧げ物として宗教的に使われるようになりました。お香やアロマオイルも、熱が必要ですものね。香草や香木の多くは防腐効果が高く、古代エジプトではミイラの防腐剤にミルラなどの香油が使われていたことは有名です。

日本には、仏教伝来とともに香木が伝わってきたようです。正倉院宝物にはかの有名な「蘭奢待（らんじゃたい）」がありますが、これは沈香と呼ばれる香木で、原産国は東南アジア。古来、沈香や伽羅と呼ばれる香木が珍重されましたが、『日本書紀』には海流により淡路島の浜辺に流れ着いた香木を焚き火にくべたところ、えも言われぬいい香りで、朝廷に献上

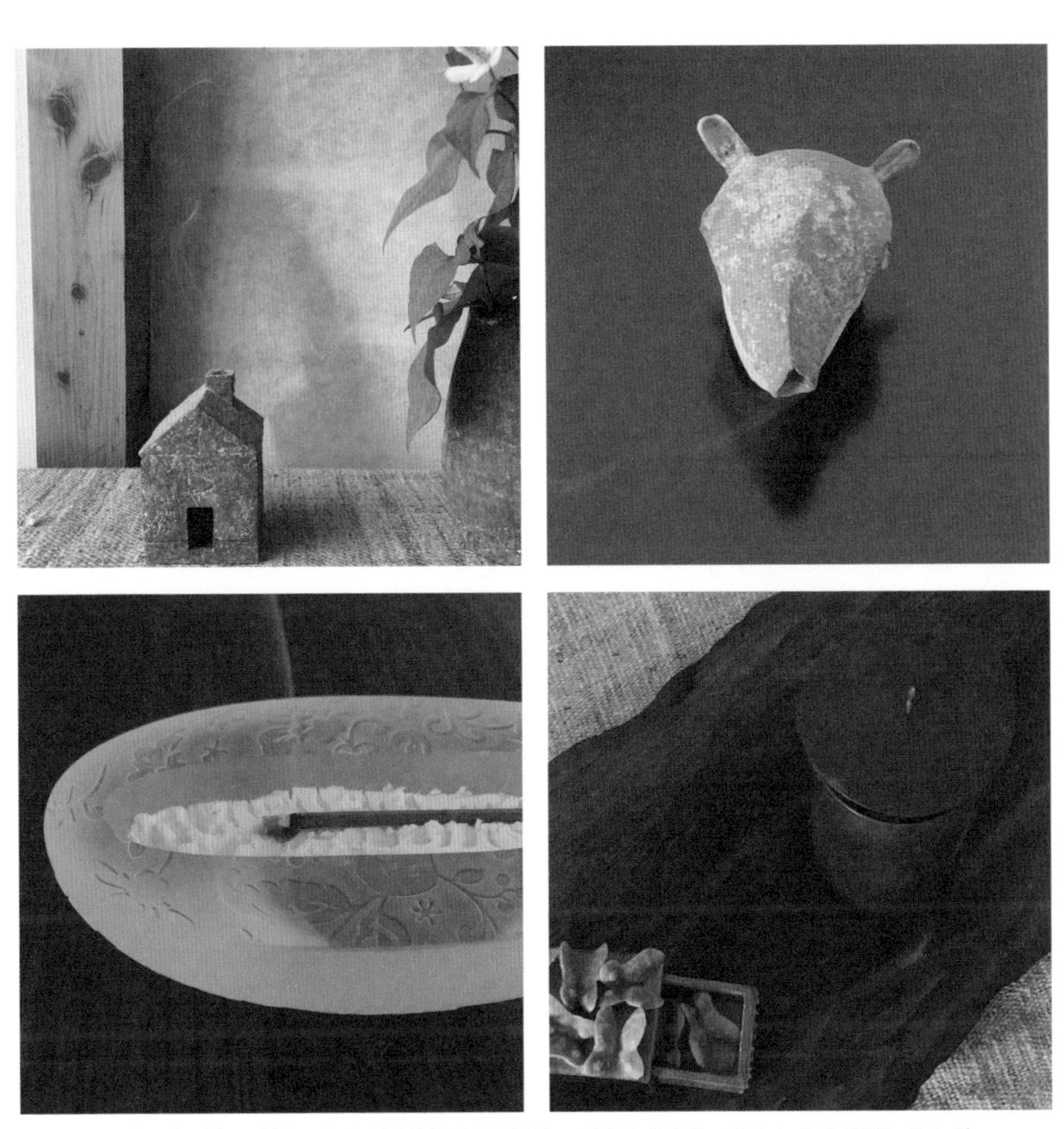

上左：我が家の玄関にある家形香炉は伊藤正作。自ら土を掘り、味わいある焼締に仕上げる作家による、直線的な家の形はアーミッシュの簡素な家を彷彿とさせる。 **上右**：風化した石のような表情をもつ炻器（せっき）でオブジェを制作する三原研作獣頭香炉。口先からフワァと香煙を吐き出すのが愛しい。**下左**：繊細に彫り込まれた更紗花が美しい香炉・三浦世津子作。 ガラスの美しさを損ないたくないので、くぼみには白い香炉灰を。 **下右**：さかのゆき作真鍮の香合。経巻を収める経筒の形をイメージしたもので、蓋を少しずらして香りを燻（くゆ）らせる。敷板・羽生野亜 マッチ箱オブジェ・川島いずみ

したとあります。そして寺社の宗教儀式、貴族の嗜みから始まり、中世には香道として体系化されます。

今は歴史の流れをくみながらも、カジュアルに楽しめる香りがとても充実しています。日本の伝統あるお香専門店のカジュアルライン、国内外のアロマオイルブランド、アジアの蠱惑的なインセンスなど、よりどりみどり。インテリアの一部として心地よく暮らすために、またリラックスや集中など、メンタルを整えるために、香りは欠かせないものになりました。

そこで大切に考えたいのがうつわなんです。香りのお店には香炉や香立て、アロマポットも用意されていますが、機能だけでなく住まいの雰囲気に合ったもので楽しみたい。床の間や違い棚に飾るクラシカルな香炉ではなく、アート的な佇まいで、使わない場合にも絵になる姿。私は、そんなことを考えながら香りのためのうつわを選んできました。長引くコロナ禍、紛争の不安なども重なって、香りを身近に引き寄せ、日々心を落ち着かせることはとても大切な行為だと感じるこの頃。その日の予定や気分、体調に合わせ、気楽に自由に香りとうつわのコーディネートを楽しんでいます。

上左：半球形のガラスの塊、その上面はガラスの表面張力による澄んだ張りがあり、ざらついた側面との取り合わせが絶妙。荒川尚也作。コーン形のお香を使うときは球を外して。 **上右**：バリ島の隣、ロンボク島ササクポタリーのアロマポット。アロマオイル収納は東南アジアのスパイスボックスに。角皿は古い写真現像トレイ。月のオブジェ・杉村紗季子　片口・野口悦士　タイル・吉田次朗　**下左**：香炉用につくられたものではなくても、香炉灰や香炉石を入れて香炉がわりに。鉄絵掻き落としのボタンが印象的な小鉢・升たか作。セージを焚くのに使用。 **下右**：お香関係のものを収納しているアンティークの三段竹籠。中国では薬入れとして使われていたようで、表面にかすかに朱の文字が残る。

sumica 栖
神奈川県横浜市中区山下町90-1
ラ・コスタ横浜山下公園101
TEL 045-641-1586

ギャラリー うつわノート
埼玉県川越市小仙波町1-7-6
TEL 049-298-8715

ギャラリー & カフェ やいち
埼玉県北本市中央 2-64
TEL 048-593-8188

うつわ萬器 柏本店
千葉県柏市あけぼの4-6-1
TEL 04-7147-8200

ギャラリーハンナ
栃木県宇都宮市松が峰 2-7-17
TEL 028-638-6123

G + OO
栃木県芳賀郡益子町城内坂115
TEL 0285-72-0098

もえぎ本店
栃木県芳賀郡益子町上大羽堂ケ入
2356
TEL 0285-70-8111

《中部》

Hase
愛知県名古屋市中村区名駅5-10-7
花車ビル中館 1F
TEL 052-414-5465

ギャラリー独楽
岐阜県岐阜市中竹屋町17-1
TEL 058-266-1050

夏至
長野県長野市大門町54 2F
TEL 026-237-2367

《関西・中国》

コホロ淀屋橋
大阪府大阪市中央区今橋3-2-2
グランサンクタス淀屋橋
TEL 06-6210-1602

舎林
大阪府大阪市阿倍野区阿倍野筋
2-4-41
TEL 06-6624-2531

趣佳
大阪府大阪市中央区谷町6-15-22
TEL 06-7503-2508

日日 gallery nichinichi
京都府京都市上京区信富町298
TEL 075-254-7533

ギャラリーやなせ
京都府京都市北区紫野南舟岡町61-28
TEL 075-468-1627

ギャルリーオルフェ
京都府京都市新門前通梅本町258
TEL 075-561-1580

京都やまほん
京都府京都市中京区榎木町95-3
延寿堂南館 2F
TEL 075-741-8114

昂 -KYOTO-
京都府京都市東山区祇園町南側581
ZEN2F
TEL 075-525-0805

Sophora
京都府京都市中京区二条通寺町東入ル
榎木町77-1
TEL 075-211-5552

Nunuka life
京都府京都市左京区浄土寺南田町10
TEL 075-708-8369

ロク
京都府京都市左京区聖護院山王町18
メタボ岡崎101
TEL 075-756-4436

季の雲
滋賀県長浜市八幡東町211-1
TEL 0749-68-6072

うつわ クウ
兵庫県芦屋市西山町3-11
ラフェルテ芦屋川 1F
TEL 0797-38-8339

ギャラリーやまほん
三重県伊賀市丸柱1650
TEL 0595-44-1911

工房イクコ
岡山県倉敷市中央1-12-9
TEL 086-427-0067

くらしのギャラリー本店
岡山県岡山市北区問屋町11-104
TEL 086-250-0947

《四国》

ギャラリー en
香川県高松市今新町1-4 高須ビル2F
TEL 087-851-3711

《九州》

工藝風向
福岡県福岡市中央区赤坂2-6-27
TEL 092-716-5173

ぶどうのたね
福岡県うきは市浮羽町流川428
TEL 0943-77-8667

《沖縄》

Luft shop
沖縄県那覇市壺屋1-7-16 #103
TEL 098-988-1391

◉インテリア、生活雑貨

パパグーリ清澄本店
東京都江東区清澄3-1-7
TEL 03-3820-8825

東京松屋
東京都台東区東上野6-1-3
東京松屋UNITY
TEL 03-3842-3785

グランピエ東京店
東京都港区南青山3-4-4カサビアンカ
TEL 03-3405-7269

スパイラルマーケット
東京都港区南青山5-6-23
スパイラル2F
TEL 03-3498-5792

LIVING MOTIF
東京都港区六本木5-17-1 AXISビル
B1F、1F、2F
TEL 03-3587-2784

リーノ・エ・リーナ 自由が丘店
東京都目黒区自由が丘2-14-10
TEL 03-3723-4270

パンと日用品の店 わざわざ
長野県東御市御牧原2887-1
TEL 0268-67-3135

グランピエ丁子屋
京都府京都市中京区寺町二条上る
常盤木町57
TEL 075-213-1081

染司よしおか 京都店
京都市東山区西之町206-1
Tel075-525-2580

◉百貨店

伊勢丹新宿店
本館5階 キッチンダイニング

銀座・和光
地階 テーブルウエア

銀座三越
本館7階 ジャパンエディション

日本橋三越本店
本館5階 リビング 特選和食器
本館6階 アートギャラリー

日本橋高島屋 S.C.
本館6階 美術画廊
本館7階 和洋食器

松屋銀座
本館7階 ライフスタイル リビング

訪ねてみたいショップ&ギャラリー

長く、様々なショップやギャラリーで購入してきました。

今はなきギャラリーもあります。百貨店やクラフトフェアも訪ねました。

ここではこれまで雑誌や書籍の仕事に関わりながらお世話になったギャラリーを見渡し、
私が使っているあれこれを見つけることができる場所をリストにしました。

抜けてしまったところもあるかもしれません。お許しください。

《東北・北陸》

光原社本店
岩手県盛岡市材木町2-18
TEL 019-622-2894

ぎゃらりい栗本
新潟県長岡市城内町2-6-8
TEL 0258-32-9030

《関東》

市川籠店
東京都荒川区南千住2-28-8
TEL 03-3801-5898

うつわ萬器 北千住店
東京都足立区千住4-18-11
TEL 03-5284-8220

うつわ謙心
東京都渋谷区渋谷2-3-4
スタービル青山2F
TEL 03-6427-9282

うつわ shizen
東京都渋谷区神宮前2-21-17
TEL 03-3746-1334

しぶや黒田陶苑
東京都渋谷区渋谷1-16-14
メトロプラザ1F
TEL 03-3499-3225

Styel Hug Gallery
東京都渋谷区代々木 4-28-7
TEL 03-6300-0333

柿傳ギャラリー
東京都新宿区新宿3-37-11
安与ビル地下 2F
TEL 03-3352-5118

ラ・ロンダジル
東京都新宿区若宮町11
摩耶ビル1F
TEL 03-3260-6801

もりのこと
東京都杉並区西荻北4-9-3
TEL 非公開

ギャラリー・セントアイヴス
東京都世田谷区深沢 3-5-13
TEL 03-3705-3050

KOHORO 二子玉川
東京都世田谷区玉川 3-12-11
TEL 03-5717-9401

白日
東京都台東区柳橋1-24-1
TEL 090-8568-5355

Ecru + HM
東京都中央区銀座1-9-8 奥野ビル 4F
TEL 03-3561-8121

銀座 一穂堂
東京都中央区銀座1-8-17 伊勢伊ビル
TEL 03-5159-0599

銀座たくみ
東京都中央区銀座8-4-2
TEL 03-3571-2017

銀座日々
東京都中央区銀座3-8-15
APA 銀座中央ビル 3F
TEL 03-3564-1221

ヒナタノオト
東京都中央区日本橋浜町 3-16-7
TEL 03-5649-8048

暮らしのうつわ 花田
東京都千代田区九段南2-2-5
TEL 03-3262-0669

千鳥
東京都千代田区神田三崎町
3-7-12清和会ビル 2F
TEL 03-6906-8631

白 marunouchi
東京都千代田区丸の内3-3-1
新東京ビル 1F 紫野和久傳内
TEL 03-3240-7072

うつわ base FUURO
東京都豊島区西池袋
5-13-18 コーポ紫雲101
TEL 03-6709-0043

FUURO
東京都豊島区目白3-13-5 1F
TEL 03-3950-0775

スペースたかもり
東京都文京区小石川5-3-15
一幸庵ビル 302
TEL 03-3817-0654

うつわ楓
東京都港区南青山4-17-1
TEL 03-3402-8110

Gallery SU
東京都港区麻布台3-3-23
和朗フラット4号館6号室
TEL 03-6277-6714

t.gallery
東京都港区芝 3-16-2
TEL 03-3455-7492

寺田美術
東京都港区南青山 6-6-22
TRD 南青山 3F
TEL 03-6427-6522

雨晴 /AMAHARE
東京都港区白金台 5-5-2
TEL 03-3280-0766

桃居
東京都港区西麻布 2-25-13
TEL 03-3797-4494

gallery 一白
東京都目黒区中目黒1-1-17
TEL 03-6451-0858

宙 SORA
東京都目黒区碑文谷5-5-6
TEL 03-3791-4334

10+
東京都八王子市八日町10-19
TEL 042-649-7905

poool
東京都武蔵野市吉祥寺本町
3-12-9 潤マンション105
TEL 0422-20-5180

mist∞
東京都武蔵野市吉祥寺北町
1-1-20藤野ハウス 3F
TEL 0422-27-5450

うつわ菜の花
神奈川県小田原市南町 1-3-12
TEL 0465-24-7020

うつわ祥見 KAMAKURA
神奈川県鎌倉市小町1-6-13
コトブキハウス 2F
TEL 0467-23-1395

夏椿
神奈川県鎌倉市佐助 2-13-15
TEL 0467-84-8632

時計が止まったように、世の中の経済活動や文化活動が制限される。そんな日が来ることを誰が想像していたでしょう。当時の記憶はなんだかおぼろげです。それでも、三年が過ぎて思うのは、誰もが知恵を絞り、新しい手段を考え、外に求めていた豊かさを、内側に向けるようになっていた時間でもあったということです。

家で過ごすなら、住まいを整え、食事を楽しもう、と、インテリアやうつわに興味を持つ人がドッと増えました。休業を余儀なくされたギャラリーやショップは、オンライン通販に取り組み始め、よりリアルに魅力を伝えるウェブページやライブ配信にも力を入れていきました。Instagramの存在も絶大です。つくり手、伝え手、使い手が、様々な形でうつわの魅力を伝えます。私が作家のうつわを買い始めた頃は、まだまだギャラリーが少なくて、百貨店の美術画廊などで先生と呼ばれる方々のうつわが並ぶのを、恐る恐るのぞいていました。ああ、隔世の感です。

二十代の初めからポツポツと買い始めたうつわが、かなりの数になりました。作家ものが中心ですが、相当以前のものも含まれますし、アンティークやヴィンテージ、産地もの、海外で購入したものもあります。向田邦子さんではありませんが、私の「器狂い」は、恐らく一生続くのでしょう。仕事であると同時に趣味、しかも生きるための衣食住に生かせる趣味なのだから、一石二鳥ですよね（と自己弁護）。

この本のベースである婦人画報デジタルの連載を提案してくださった内田理恵さん、柏木敦子さん、お二人の支えがあって、気づけば長い連載となりました。この連載を、昨年の『J-style Kimono 私のきもの練習帖』のうつわ版として出版を実現してくださった春陽堂書店の清水真穂実さん、紙や印刷代が高騰する中で奮闘してくださったことは、感謝に絶えません。そして、きものに続く書籍チーム、デザイナーの飯塚文子さんと撮影の河内彩さん。朝から表紙や口絵用の撮影をした二日間は、夢の時間でした。また、工芸の販売に関わるギャラリストやバイヤーの方々、モノづくりに携わる作家や職人の方々、みなさんがいらしてこその本です。深く御礼申し上げます。

もうだいぶ前、東京の職人さんを取材して回っていたとき、戦争中を知る方がまだ多くいらっしゃいました。そのときの、忘れられない言葉。

「あたしらの仕事はさ、平和産業なんだよ」

私が関わる工芸の仕事は、まさしく平和であればこそのもの。こうしてうつわ使いを提案する本を世に出せるのも、平和であればこそです。

世の中の紛争が一日も早く終焉しますように。伝染病や難病を克服できますように。貧困や飢餓がなくなりますように。災害に遭われた方々が復興できますように。そして、そして、みんなが幸せに食事できる世の中になりますように。

二〇二三年二月立春　　田中敦子

田中敦子［たなかあつこ］

一九六一年東京都出身。早稲田大学第一文学部卒業。一九八六年（株）主婦の友社入社。一九九六年フリーとなり、編集、執筆活動をスタート。二〇〇一年（株）小学館刊『和樂』に創刊スタッフとして参画。森田空美氏のきもの連載を創刊時より担当。二〇〇四年（株）プレジデント社きもの季刊誌『七緒』の創刊に関わり、その後監修も手がける。染織史については、染織史家・吉岡幸雄氏の指導を受ける。現在、工芸、きもの、日本文化を中心に、取材、執筆、編集を行う。染織、工芸の企画展プロデュース、アドバイザーなども手がける。

『江戸の手わざ ちゃんとした人、ちゃんとした物』文化出版局、『きもの自分流 －リアルクローズ－入門』小学館、『もののみごと 江戸の粋を継ぐ職人たちの、確かな手わざと名デザイン。』講談社、『インドの更紗手帖』『更紗 美しいテキスタイルデザインとその染色技法』ともに誠文堂新光社、『きもの宝典』（『きものの花咲くころ』再販）主婦の友社、『父のおじさん 作家・尾崎一雄と父の不思議な関係』里文出版、『J-style Kimono 私のきもの練習帖』春陽堂書店、他編著書多数。

カバー写真　河内 彩
本文写真　河内 彩［P2–5, 16, 19, 25, 29, 32–33, 37, 41, 52–55, 73, 86, 93, 104–105, 107, 108, 119, 121, 124, 126, 129］
　田中敦子
ブックデザイン　飯塚文子
校正　株式会社ヴェリタ

この書籍は、婦人画報デジタル連載として掲載された、二〇二〇年四～五月の「工芸ライター・田中敦子さんの #STAYHOME ～器と親しみ、乗り越えよう～」、二〇二〇年七月～二〇二二年十二月『工芸ライター・田中敦子さんの、日々の器のよしなしごと』『工芸ライター・田中敦子さんの、日々の器のよしなしごと ver.2』をもとに、加筆訂正などを加え、新たに編集しています。

J-style Utsuwa
私のうつわ練習帖

二〇二三年三月十五日　初版第一刷発行

著者　田中敦子
発行者　伊藤良則
発行所　株式会社春陽堂書店
〒一〇四－〇〇六一
東京都中央区銀座三丁目一〇－九 KEC銀座ビル
電話　〇三－六二六四－〇八五五（代表）

印刷・製本　株式会社ラン印刷社

ISBN 978-4-394-98006-3 C0077